ZHENG HE 鄭和

Für meine Tochter Maggie, auf
dass günstige Winde ihre Reise
durch das Leben begleiten.

Die Deutsche Bibliothek – CIP-Einheitsaufnahme
Ein Titeldatensatz für diese Publikation ist bei
Der Deutschen Bibliothek erhältlich

Titel der italienischen Originalausgabe: „Zheng He.
Tracing the Epic Voyages of China's Greatest Explorer"
Lektorat: Valeria Manferto De Fabianis
Gestaltung: Clara Zanotti
Projektbetreuung: Laura Accomazzo

www.frederking-thaler.de

Foto des Schiffsmodells auf der Buchrückseite:
© Cheng Jiang – Imaginechina

Zitat auf Seite 48:
Gavin Menzies, *1421: Als China die Welt entdeckte,*
© DroemerKnaur, München 2003

Übersetzung aus dem Italienischen und Englischen:
Cornelia Panzacchi
Redaktion und Herstellung:
Bookwise Medienproduktion GmbH, München
Umschlaggestaltung:
Dorkenwald Grafik-Design & Artwork, München

Printed in Singapore

ISBN-10: 3-89405-666-5
ISBN-13: 978-3-89405-666-7

鄭和

Die Drachenflotte des Admirals

ZHENG HE

MICHAEL YAMASHITA

Frederking & Thaler

„Wir sahen auf dem Meer Wellen, die hoch wie Berge zum Himmel aufragten, und wir sichteten die weit in der Ferne von durchsichtigem blauen Dunst verhüllten Länder der Barbaren, während unsere Segel, rund und luftgebläht wie Wolken, Tag und Nacht so schnell wie die Sterne über jene wilden Wogen dahinzogen."

Steleninschrift von Zheng He, Changle, Fujian, 1432

鄭和

FOTOGRAFIEN UND TEXT

MICHAEL YAMASHITA

HISTORISCHE EINFÜHRUNG

GIANNI GUADALUPI

AUS DEM ITALIENISCHEN UND ENGLISCHEN

CORNELIA PANZACCHI

INHALT

[MICHAEL YAMASHITA]

VORWORT

ALS FOTOGRAF, DER SICH AUF DEN FERNEN OSTEN SPEZIALISIERT HAT, BILDETE ICH MIR EIN, SEHR GUT ÜBER ASIEN INFORMIERT ZU SEIN. ALS ICH JEDOCH IM JAHR 2003 DAS ERSTE MAL VON ZHENG HE HÖRTE, MUSSTE ICH PASSEN.

Es war mein Schwager, der mir Gavin Menzies' Buch *1421: Als China die Welt entdeckte* geschickt hatte; auf dem Umschlag klebte ein Post-it mit der Bemerkung »Deine nächste Geschichte!«. Davor hatte ich noch nie von Zheng He gehört. Ich las das Buch und lernte seinen Helden kennen. Ich erfuhr, dass er Asiens bekanntester Entdecker war, der Befehlshaber einer Armada, die größer war als alle, die die Welt bis zum Ersten Weltkrieg zu sehen bekommen sollte. Zheng He war ein ungefähr zwei Meter großer Riese von einem Mann und leitete lange Zeit vor Kolumbus, Vasco da Gama und Magellan mehrere große chinesische Expeditionen. Meiner Ansicht nach stellen seine Leistungen die aller anderen großen Forschungsreisenden in den Schatten.

Menzies, ein früherer U-Boot-Kommandant der britischen Marine, behauptet in seinem Buch, dass Zheng Hes Schiffe Amerika 70 Jahre vor Kolumbus' Karavellen erreichten und dass der chinesische Admiral die Welt ein ganzes Jahrhundert vor Magellan umsegelte. Dabei stützt sich Menzies auf Land- und Seekarten aus dem 15. Jahrhundert. Obwohl viele östliche und westliche Historiker dieser These widersprachen, fand Menzies' Buch reißenden Absatz und behauptete sich mehrere Monate lang auf der Bestsellerliste der *New York Times*.

Was mich an Menzies' Buch am meisten faszinierte, war seine Darstellung des Zeitalters der Entdeckungen im 15. und 16. Jahrhundert aus chinesischer Perspektive. Wir im Westen beschäftigen uns mit dieser Periode aus eurozentrischer Sicht, also ausschließlich mit den gut dokumentierten Abenteuern der Spanier, Portugiesen und Italiener. Wir wissen, dass Vasco da Gama den Seeweg zu den Schätzen des Fernen Ostens entdeckte und dass Kolumbus, angeregt durch die Schriften Marco Polos, eine neue Route nach China suchte und dabei auf die »Neue« Welt stieß.

Marco Polo war für mich sozusagen ein alter Bekannter. Sein Buch *Il Milione. Die Wunder der Welt* hatte mich fünf Jahre zuvor auf die Idee gebracht, für *National Geographic* seiner Route nach China zu folgen. Die 16 000 Kilometer lange Reise entlang der Seidenstraße führte mich von Venedig über die Türkei, den Irak, den Iran und Afghanistan bis an die chinesische Küste.

Die Früchte meiner Expedition waren eine 80 Seiten lange, dreiteilige Reportage, ein 500-seitiges Buch sowie ein zweistündiger Film. Ein Grund für den Erfolg meines Reiseberichts lag sicher darin, dass der Name »Marco Polo« weltweit bekannt ist, doch nicht jeder genau weiß, warum. »War Marco Polo nicht der, der China entdeckte?«, werde ich häufig gefragt.

7 Dieses etwas restaurierungsbedürftige Wandgemälde sahen wir in dem Park, der Zheng He in seinem Heimatort Kunyang in der Provinz Yunnan gewidmet wurde. Nachdem der Admiral 600 Jahre lang beinahe vergessen war, erwacht in China mittlerweile neues Interesse an ihm.

9 Die *Sanjeeda*, eine der letzten großen Dhaus, fährt vor der Suaheliküste dem Sonnenuntergang entgegen.

10–11 Vor dem Beginn der ersten seiner sieben Reisen, die China im 15. Jahrhundert zu einer Supermacht machen sollten, gibt Zheng He an Bord einer *baochuan* den Befehl, auszulaufen.

13 Michael Yamashita an der Großen Mauer.

Nachdem ich mit Marco Polos Berühmtheit vertraut war, konnte ich kaum glauben, dass so wenig Menschen im Westen von Zheng He gehört hatten. Andererseits war diese relative Unbekanntheit für mich von Vorteil, bot sich mir doch die fantastische Möglichkeit, die Geschichte eines großen Entdeckungsreisenden zu erzählen, die noch nie mit Fotos erzählt worden war. Mein Schwager hatte Recht gehabt: Zheng He sollte meine nächste Reportage werden.

Ein Jahr später begab ich mich auf Zheng Hes Spuren. Ich wollte die Story bis Juli 2005 fertig haben, pünktlich zum 600. Jubiläum von Zheng Hes erster Reise. Mit Unterstützung des Magazins *National Geographic*, für das ich seit 25 Jahren arbeite, folgte ich den Routen des chinesischen Entdeckers, der 90 Jahre vor Beginn des so genannten Zeitalters der Entdeckungen als Befehlshaber einer Flotte von 300 bis zu 120 Meter langen Schiffen und 30 000 Mann Besatzung auf sieben langen Reisen das Südchinesische Meer und den Indischen Ozean durchquerte und bis in den Mittleren Osten und zur ostafrikanischen Küste vordrang.

Seine Herkunft hatte diese ungewöhnliche Karriere nicht vorausahnen lassen. Zheng He kam 1371 in einem mongolischen Dorf in der Provinz Yunnan als Sohn einer Familie zur Welt, die vermutlich aus Zentralasien stammte. Im Alter von elf Jahren wurde er von der Armee der Ming-Dynastie in der Absicht gefangen genommen, die letzten Überlebenden der mongolischen Yuan-Dynastie auszuschalten. Wie damals üblich, wurde der junge Gefangene kastriert und gezwungen, am kaiserlichen Hof in Nanking zu dienen. Dank seiner angeborenen Führungsqualitäten erlebte er in der Hierarchie der Höflinge einen raschen Aufstieg und wurde zum Vertrauten und Obersten Eunuchen des Prinzen Zhu Di, der 1402 unter dem Herrschernamen Yongle als zweiter Ming-Kaiser den Thron bestieg.

Zhu Di vertraute Zheng He das Kommando über seine große Flotte an und beauftrage ihn mit diplomatischen, Handels- und Entdeckungsexpeditionen, auf denen unter anderem chinesische Seide und Porzellan gegen Gewürze, Edelsteine, Edelhölzer, Heilmittel, Textilien und Minerale eingetauscht werden sollten. Die sieben Reisen, die Zheng He zwischen 1405 und 1433 unternahm, brachten China großen Reichtum ein, bestätigten das Reich der Mitte in seiner Rolle als Supermacht, ermöglichten Chinesen, sich im Ausland niederzulassen, und verhalfen der chinesischen Kultur zu großer Verbreitung.

Ich wusste, dass ich auf den Spuren Zheng Hes jener mit der Seidenstraße verbundenen Schifffahrtsroute folgen würde, auf der alle seefahrenden Entdeckungsreisenden von Ibn Battuta bis Marco Polo unterwegs gewesen waren. Zu Zheng Hes Zeiten mussten sich die Seeleute auf diesem Schifffahrtsweg nach den Winden richten. Im November und Dezember blies der Nordost-Monsun die Schiffe die chinesische Küste hinunter nach Vietnam, Borneo und Malaysia, sodass sie bis nach Java und Sumatra kamen. Dort warteten sie fünf Monate lang, bis ihre Schiffe im Südost-Monsun durch die Malakkastraße nach Sri Lanka und Indien segeln konnten. Wenn der Wind abermals drehte, ging es entlang der Arabischen Halbinsel weiter zur Suaheliküste, wo Araber, Inder und Chinesen ein blühendes Handelswesen begründet hatten.

Ich träumte davon, ebenfalls große Teile der Reise auf dem Wasser zurückzulegen, am liebsten mit chinesischen Dschunken und arabischen Dhaus, musste dann aber zu meiner Enttäuschung erfahren, dass sämtliche chinesische Fischereiflotten modernisiert worden waren. 2001 hatte die Regierung sogar ein Gesetz erlassen, das den Bau von Schiffen aus Holz verbot. Holz galt in China inzwischen als zu kostbar, um für den Bootsbau verschwendet zu werden. So sah ich mich einem ziemlichen Dilemma gegenüber: Wie sollte ich die Geschichte eines der größten Seefahrer aller Zeiten illustrieren, wenn ich keine authentischen Boote fotografieren konnte? Es war eine große Herausforderung und, wie sich herausstellen sollte, nur eine von vielen.

Häufig werde ich gefragt, was einen großen Fotografen ausmacht. Für mich ist ein großer Fotograf jemand, dessen Bücher und Reportagen so gut sind, dass die Leute keine Seiten überblättern. Deshalb sehe ich es als meine Aufgabe an, Fotos zu schießen, die packend sind und Lust darauf machen, erst die Bildunterschrift und dann doch noch die ganze Reportage zu lesen. Doch wenn ein Motiv nicht existiert, kann auch der begabteste Fotograf nichts ausrichten, es sei denn, er hat Glück. Und Fotografen werden im Grunde dafür bezahlt, Glück zu haben.

Wie immer machte ich mir als Erstes eine Liste der Motive. Um Zheng Hes Geschichte zu illustrieren, musste ich mir also eine Anzahl von Szenen ausdenken, die mir geeignet schienen, die Welt der asiatischen Seefahrer des 15. Jahrhunderts heraufzubeschwören. Ich wollte herausfinden, was übrig war von den Gegenständen, mit denen Zheng He gehandelt hatte, von den Häfen in den über 37 Ländern, die er angefahren, von den Bräuchen und Kulturen, die er als fremd und andersartig erlebt hatte.

Anders als Marco Polo hinterließ Zheng He weder Logbücher noch persönliche Aufzeichnungen, und von seinen Reisen sind so gut wie keine schriftlichen Dokumente erhalten. Dies erklärt teilweise, warum er nie so bekannt wurde wie sein venezianischer Kollege. Der Großteil der Aufzeichnungen und Logbücher wurde nach Zheng Hes letzter Reise zerstört, als sich China vollständig isolierte und den Handel mit dem Ausland verbot. Lediglich die Chroniken zweier Dolmetscher des Admirals sind übrig geblieben, der islamischen Gelehrten Ma Huan und Fei Hsin. Ihre Beschreibungen des Lebens an Bord sowie ihre Beobachtungen an Land wurden zu meiner wichtigsten Quelle und halfen mir, den geheimnisvollen Mann zu ergründen und die Atmosphäre der Orte zu erahnen, die er besuchte.

Von meiner Beschäftigung mit Marco Polo her war ich mit der Arbeit mit alten Quellen vertraut, und als ich Ma Huans »Gründliche Beschreibung der Meeresküsten« und Fei Hsins »Gründliche Beschreibung der Sternenflotte« verschlang, nahmen die Bilder, die ich hoffte, machen zu können, in meiner Vorstellung allmählich Gestalt an.

Sodann begab ich mich auf die Suche nach Zheng He. Häufig wurde ich dabei von Frank Viviano begleitet, einem in der Toskana geborenen italienischen Autor, der den Text für die Story liefern sollte. Frank, der von 1979 bis 1990 insgesamt zwölf Jahre in China gelebt und gearbeitet hatte, zuerst als Reporter für die *Far East Economic Review* und dann als Chef der Pekinger Redaktion des *San Francisco Chronicle*, wusste nicht nur, wer Zheng He war, sondern entpuppte sich als dessen großer Bewunderer. Franks Begeisterung für den in mehr als einem Sinne des Wortes großen Admiral war ansteckend. Für ihn war Zheng He nicht nur wegen seiner fantastischen Leistungen, sondern auch aufgrund seines Charakters ein Held und auch ein Visionär, der von einer neuen, von Toleranz und Frieden geprägten Welt träumte, in der die verschiedenen Religionen und Kulturen in Harmonie zusammenlebten. Durch Frank wurde auch ich zu einem Verehrer des Admirals.

Nachdem ich mich eine Weile mit seinen Reisen beschäftigt hatte, stieß ich natürlich auf die unvermeidliche Frage: Warum entschloss sich China auf dem absoluten Höhepunkt seiner Macht und seines wirtschaftlichen Wohlstands, zu einem Zeitpunkt, an dem ihm kein Land in Wissenschaft und Militärtechnik das Wasser reichen konnte, dafür, sich zu isolieren und Zheng Hes Flotte zu vernichten? Das Land hatte kurz davor gestanden, die gesamte Welt zu kolonisieren, doch stattdessen kapselte es sich ab, schloss seine Grenzen, verbrannte seine unbesiegten Flotten und zerstörte alles, was an die Taten dieses Pioniers erinnern konnte.

Für einen Fotografen ist es eigentlich gar nicht so schwer, eine Antwort auf diese Frage zu finden. Man braucht sich nur den Maßstab der größeren Bauprojekte in der Ming-Dynastie zu vergegenwärtigen: die Verbotene Stadt, die Zheng Hes Vorgesetzter, der Kaiser Zhu Di, zu seiner Hauptstadt machte; der Große Kanal, die längste von Menschen geschaffene Wasserstraße der Welt; oder die Große Mauer, die zu einem wesentlichen Teil während der Regierungszeit Zhu Dis entstand. Die Umsetzung jedes einzelnen dieser Projekte, geschweige denn aller drei, muss für die Staatskasse eine extreme Belastung dargestellt haben. Für den Kaiser war offenbar kein Vorhaben zu groß. Man braucht nur an die Steinblöcke zu denken, die er im Steinbruch von Yangshan bei Nanking für ein Monument zu Ehren seines Vaters zuschneiden ließ. Als ich den 31 000 Tonnen schweren Sockel des Denkmals fotografierte, stockte mir schier der Atem – nicht nur angesichts seiner Dimensionen, sondern auch in Anbetracht der Vorstellung, dass er diesen Steinblock auf dem vereisten Großen Kanal 20 Kilometer weit nach Nanking transportieren lassen wollte.

Mit der Liste der Orte, an denen ich fotografieren wollte – viele davon liegen in Regionen, in denen ich noch nie zuvor gewesen war –, wuchs auch meine Begeisterung. China, Südostasien, Sri Lanka und Indien kannte ich, die Arabische Halbinsel, Oman, den Jemen und die Ostküste Afrikas noch nicht. Für die Reportage über Marco Polo hatte ich zum ersten Mal den Mittleren Osten besucht und in Irak, Iran und Afghanistan fotografiert, und häufig war es mir vorgekommen, als hätte sich dort seit dem 13. Jahrhundert kaum etwas verändert. Ich erwartete, dass es in Oman und dem Jemen ebenso sein würde, und stellte mir vor, dass sich Szenen, die Zheng He im 15. Jahrhundert erlebt hatte, vor meinen Augen ebenso abspielen würden wie vor seinen. Wie überrascht war ich, als ich merkte, dass sich Oman, mein erstes Ziel, dem Besucher als eines der modernsten Länder des Mittleren Ostens präsentiert, mit restaurierten alten Städten und Festungen und hochmodernen Suks. Am schlimmsten für mich war, dass ich nirgends eine authentische arabische Dhau auftreiben konnte.

Nach einer Woche ging es weiter in den Jemen, wo ich endlich fand, was ich suchte. Hier sah ich Dinge, die genau so waren, wie Zheng Hes Chronist Ma Huan sie beschrieben hatte: Männer trugen Tuniken mit Gürteln, in denen mit Edelsteinen besetzte Dolche steckten, die Frauen waren verschleiert, und auch die Häuser aus Lehmziegeln waren erhalten und weiterhin bewohnt. Mit dem Foto einer Straßenszene hätte man *Die Reisen Sindbads, des Seefahrers* illustrieren können, die manche interessanterweise für den Bericht von Zheng Hes Abenteuern halten. Ich blieb im Jemen, bereiste das ganze Land und fotografierte alles, was mir bemerkenswert erschien – und das war sehr viel. Ob es zu meiner Reportage passte, wollte ich später herausfinden.

Unsere letzte Etappe war die Suaheliküste, jener Abschnitt der ostafrikanischen Küste, der von Somalia bis Kenia reicht und dem auch die Gewürzinsel Sansibar zugerechnet wird, die heute zu Tansania gehört. In Sansibar fühlte ich mich Zheng He, den ich inzwischen gut zu kennen glaubte, am nächsten. An einem Tag, der für das Fotografieren ideal war, saß ich am herrlichen weißen Strand von Matemwe. Der Himmel war voller dunkler Gewitterwolken, zwischen denen die Sonne hin und her tanzte. Ihre Strahlen beschienen ein Dutzend Dhaus, die mit geblähten Segeln zu den Fischgründen hinausfuhren. Ich machte unzählige Aufnahmen einer Szene, die Zheng He ebenfalls erlebt haben könnte: Genau vor meinem Objektiv wateten in bunte Stoffe gekleidete Frauen durch das Wasser, um Seegras zu sammeln, während im Hintergrund weiße Segel vor einem schwarzen Gewitterhimmel vorbeizogen.

Ich stellte mir vor, wie er Boote beobachtet hatte, die zu seiner gewaltigen Flotte hinausfuhren, um Elfenbein und Gewürze gegen chinesische Seide und Porzellan einzutauschen. Zheng He musste es eilig gehabt haben, mit den Waren nach Hause zu kommen, wenngleich er vielleicht auch bedauerte, all dies wieder zu verlassen: Die Landschaft, das Licht, die Natur, alles, was so anders war als in seinem Land, der Erfolg seiner Mission unter Menschen, die ihm Achtung zollten – das alles müsste ihm sehr gefallen haben.

Heute, da es sich auf die Olympiade 2008 vorbereitet, lässt sich China ebenfalls auf ein aufregendes Abenteuer ein. Das Land steht kurz davor, seinen Platz als Supermacht einzunehmen, nachdem es diese Gelegenheit im 15. Jahrhundert, als es nicht zuletzt dank Zheng He das mächtigste Reich der Welt war, ungenutzt hatte verstreichen lassen. Indem es sich nach außen hin verschloss und weitere Seereisen unterband, trat China für 500 Jahre seinen Platz auf der Weltbühne an Europa ab. Nun, wo es seinen erneuten Auftritt auf eben dieser Bühne vorbereitet, wird Zheng He endlich das zuteil, was ihm zusteht. Schlagzeilen kündigen Ausstellungen, Museumseröffnungen und Enthüllungen von Denkmälern an, die dem großen Admiral gewidmet sind. In Hongkong wurde ein neues Stück über Zheng He aufgeführt, in Singapur hatte ein Zheng-He-Musical Premiere, und in Taiwan sticht derzeit eine multinationale Crew in See, um auf seiner Route zu segeln und pünktlich zum Beginn der Olympischen Spiele zurück zu sein.

Nachdem er 600 Jahre lang beinahe vergessen war, nimmt die Welt Admiral Zheng He endlich wieder zur Kenntnis.

18–19 Die *Sanjeeda* kreuzt mit geblähten Segeln vor der kenianischen Küste.

20–21 Die *Sanjeeda* fährt in den Hafen der kenianischen Insel Lamu ein.

[GIANNI GUADALUPI]

EINLEITUNG

Der ausserhalb Chinas so gut wie unbekannte Zheng He wurde in westlichen Medien wiederholt zum »chinesischen Marco Polo« stilisiert, um ihn als aussergewöhnlichen Reisenden berühmt zu machen. Andere dagegen sehen in ihm so etwas wie einen asiatischen Kolumbus oder Magellan.

In Wirklichkeit war er weder das eine noch das andere: kein abenteuerlustiger und neugieriger Erkunder unbekannter Länder wie der Venezianer, noch ein Seefahrer, der darauf aus war, »neue« Länder zu entdecken; sondern ein großer Admiral, der geschickt mit Flotten umzugehen verstand, die größer und mächtiger waren als alle, die vor und nach ihnen kamen. Und er war ein würdiger Botschafter des Reichs des Himmels, der Zeugnis ablegte vom Wohlstand und der Macht Chinas, das sich unter der Ming-Dynastie von der Herrschaft der Mongolen befreit hatte und zu neuem Leben auferstanden war.

Allerdings fallen bei genauerem Hinsehen doch einige Ähnlichkeiten zwischen dem chinesischen Admiral und dem venezianischen Weltreisenden auf. Beide waren keine Chinesen, sondern Ausländer, die mehr oder weniger freiwillig in den Dienst eines Herrschers über China getreten waren. Nachdem er nach einer langen Reise zu Land mit Vater und Onkel in jenem Cathay angelangt war, das von den Mongolen regiert wurde, beeindruckte Marco Polo mit seiner Intelligenz und seiner erzählerischen Begabung Kublai Khan, der ihm im Laufe der Jahre mehrere diplomatische Missionen in verschiedenen Teilen Chinas und seinen Nachbarländern anvertraute. Zheng He war vermutlich mongolischer Abstammung oder zumindest Sohn einer aus Zentralasien stammenden muslimischen Familie, die schon seit langem in der südlichen chinesischen Provinz Yunnan ansässig war. Ebenso wie seine Glaubensbrüder und Landsleute hatte Zheng Hes Vater gegen die Armeen der Ming gekämpft, die die Mongolen bereits aus dem übrigen China vertrieben hatten, und war im Krieg umgekommen. Der Sohn, der gefangen genommen und kastriert worden war, wurde als Eunuch an den Hof des zukünftigen Kaisers Zhu Di geschickt, und dieser hatte ihn, wie Kublai Khan einst Marco Polo, zu seinem Vertrauten und wichtigsten Berater gemacht. Der Prinz schätzte die Qualitäten Zheng Hes so hoch,

23 Zwei große Entdeckungsreisende: Zheng He auf einem Bild aus Dali in seiner Heimatprovinz Yunnan und Marco Polo, dargestellt auf einem Mosaik im Palazzo Doria Tursi in Genua.

dass er ihn schließlich mit einer äußerst anspruchsvollen außenpolitischen Mission beauftragte: Er machte ihn zum Admiral der so genannten Schatzflotten.

Wie wir durch Marco Polos Buch und die Berichte der Chronisten des chinesischen Admirals wissen, beschränkte sich keiner der beiden darauf, lediglich die ihm anvertrauten diplomatischen oder militärischen Aufträge auszuführen, sondern beide betätigten sich auch als Forscher und Kaufmann. Sowohl der *Milione* als auch die erhalten gebliebenen Chroniken der Reisen Zheng Hes enthalten eine Fülle von Informationen über die unterschiedlichsten Gebiete – von der Naturgeschichte über die wirtschaftlichen Gepflogenheiten, von Glaubensvorstellungen bis hin zu den Sitten und Bräuchen der besuchten Völker. Wir können diese Texte als Enzyklopädien des wirklichen und des imaginären Ostasiens lesen, denn in ihnen vermischen sich nachprüfbare Beobachtungen mit Seemannsgarn, und gerade ihr unentwirrbares Miteinander macht den besonderen Reiz dieser Reiseberichte aus, die in einer Zeit entstanden, in der die Geografie der Fantasie noch reichlich Raum ließ.

Auf seiner Rückreise nach Europa befuhr Marco Polo genau jene Route, die später Zheng Hes Flotte einschlagen sollte: vom Hafen Zayton (Quanzhou) entlang der Küsten des heutigen Vietnam und der Malaiischen Halbinsel nach Süden, dann in westlicher Richtung an Sumatra, den Nikobaren, Sri Lanka und der Südspitze Indiens vorbei. Anschließend ging es entlang der Küsten von Malabar, Kathiawar und Mekran und durch die Straße von Hormus in den Persischen Golf, die Drehscheibe des asiatischen Seehandels und das Ziel der von Kublai Khan anbefohlenen Reise. Marco Polo hatte dem mongolischen Beherrscher Persiens dessen Braut zuführen sollen, eine junge Prinzessin. Der von ihm gewählte Seeweg wurde seit Jahrhunderten regelmäßig von arabischen, indischen und chinesischen Schiffen benutzt. Bereits seit dem 5. Jahrhundert stachen Dschunken in südchinesischen Häfen in See, um Kurs auf die Straße von Hormus zu nehmen. Diese Strecke war den Seeleuten zwar vertraut, aber dennoch nicht ungefährlich. Die drei Venezianer, in deren Obhut der mongolische Kaiser die Prinzessin gegeben hatte, traten die Fahrt mit 14 großen Dschunken und insgesamt 600 Seeleuten an, doch in Hormus traf nur eine einzige Dschunke mit 18 Matrosen ein, und von den zahlreichen Dienerinnen und Gesellschaftsdamen der Prinzessin überlebte keine einzige. Über diese mehrfach unterbrochene, katastrophale 18-monatige Reise berichtet Marco Polo im *Milione* sehr zurückhaltend, und wir erfahren nicht, welches Unglück seiner Flotte zustieß. Allerdings ist bekannt, dass in diesen Meeren viele Piraten ihr Unwesen trieben und dass Unwetter häufig, sehr plötzlich und ausgesprochen heftig waren. Möglich ist auch, dass während einer der Aufenthalte an Land, die eingelegt werden mussten, um günstige

Winde abzuwarten, Passagiere und Besatzung an einer ansteckenden Krankheit starben.

Zheng Hes gewaltige Flotten nahmen denselben Kurs, befuhren dieselben Meere und legten in denselben Häfen an wie Marco Polos vergleichsweise bescheidener Dschunkenverband. Vielleicht war der chinesische Admiral ein besserer Befehlshaber als der venezianische Reisende, möglicherweise hatte er aber einfach nur Glück. Zwar musste auch Zheng He hin und wieder Verluste hinnehmen, eine Katastrophe erlebte er jedoch nie.

Seine größten Stärken waren vermutlich sein Organisationstalent und seine Fähigkeit, hunderte Schiffe verschiedener Größe unter Kontrolle zu halten, von denen zumindest einige von altgedienten Kapitänen befehligt wurden, die in puncto Navigation wesentlich erfahrener waren als er. Als sie ihn das erste Mal sahen, hielten Offiziere und Matrosen sicher nicht viel von einem Mann, der Eunuch bei Hofe war und zudem noch ein mongolischer Barbar, ein in Yunnan eingefangener Sklave, der es zum Liebling des Kaisers gebracht hatte, ein Oberbefehlshaber, der keine Ahnung von der Seefahrt hatte und ihnen sicher nur Ärger machen würde. Doch sie änderten ihre Meinung bald und lernten, ihn zu schätzen, vor allem wohl deshalb, weil er klug genug war, seine Leute nicht bei der Ausübung ihrer Pflichten zu stören, und sich darauf beschränkte, ihre Arbeit zu koordinieren und sich um die allgemeine Logistik zu kümmern. Die mit hohem Aufwand ausgerüstete Expedition hatte vor allem zwei Aufgaben: Zum einen sollte sie die kleineren Staaten in und an den Meeren rund um China dazu anhalten, die politische Hegemonie des Reichs der Mitte anzuerkennen, das sich selbst als Mittelpunkt der Welt und asiatische Großmacht ansah. Zum anderen sollte sie Handelsbeziehungen festigen und ausbauen. Dazu gehörte auch, dass sie die Piraten bekämpfte, die die Handelsrouten unsicher machten. Beide Missionen wurden erfüllt, und auf der Rückfahrt hatten die chinesischen Schiffe zahlreiche diplomatische Delegationen an Bord, die sich an den Hof Zhu Dis begaben, um sich zu tributpflichtigen Vasallen Chinas zu erklären. Außerdem waren die Frachträume der Schatzflotte mit kostbaren Erzeugnissen der besuchten Länder gefüllt, die die Chinesen gegen die mitgeführten Waren, vor allem Seidenstoffe und Porzellan, eingetauscht hatten.

Zheng He war also weder ein Kolumbus noch ein Magellan oder Cook, weder ein Forschungsreisender noch Entdecker. Er war nicht damit beauftragt gewesen, neue Erdteile zu finden, und es wäre auch Wahnsinn gewesen, zu einer derartigen Suche mit hunderten – teilweise mit Schätzen beladenen – Schiffen und tausenden Männern aufzubrechen. Zheng He war kein Navigator, sondern ein genialer Stratege und ein außergewöhnlicher Admiral, der größte Chinas, wenn nicht gar der gesamten Seefahrtsgeschichte.

CHINA EROBERT DIE MEERE

ZHENG HE

DIE SIEBEN REISEN DES GROSSEN EUNUCHEN

[GIANNI GUADALUPI]

ZHENG HE

In der Nacht des 10. September 1368 verließ eine nicht enden wollende Karawane von Pferden, Kamelen und Wagen im Fackelschein Peking. Ihr Ziel war der menschenleere Norden des Reichs.

Es war die Karawane eines Kaisers, dem der Himmel nach traditioneller chinesischer Vorstellung das Mandat entzogen hatte: Toghan Timur, Erbe von Dschingis Khan und Kublai Khan und letzter Vertreter jener mongolischen Dynastie, die ein Jahrhundert über das Reich der Mitte geherrscht hatte, floh mit seinem gesamten Hofstaat vor der Übermacht der Rebellen. Diese wurden von Zhu Yuanzhang angeführt, einem ehemaligen buddhistischen Mönch, der 1356 die Hauptstadt Nanking erobert und anschließend zahlreiche Rivalen besiegt, Südchina eingenommen hatte und nun mit seinen Männern nach Norden marschierte. Sein Feldzug beendete die Herrschaft der Eroberer aus den Steppen und brachte die chinesische Dynastie der Ming an die Macht, die China fast 300 Jahre lang beherrschen sollte.

Unter dem dynastischen Namen »Hongwu« regierte Zhu Yuanzhang 30 Jahre lang. Mit bemerkenswerter Energie betrieb er eine Neuorganisation des Reiches, stärkte die zentrale Macht, befriedete die von inneren Kriegen zerrissenen Provinzen und gab dem Land nicht nur wirtschaftlichen Wohlstand, sondern auch seine Vorherrschaft über seine Nachbarn zurück. Dieses politische, wirtschaftliche und militärische Erstarken Chinas setzte sich auch nach dem Tode Zhu Yuanzhangs fort und wurde von dem kurzen, aber heftigen Kampf um den Thron nicht beeinträchtigt, den 1402 Zhu Di gewann. Die Regierungszeit Zhu Dis, des zweitältesten Sohns Zhu Yuanzhangs, wurde zu einer der glanzvollsten Epochen in Chinas langer Geschichte. Zhu Di, der von seiner Residenz in Peking aus über die nördlichen Gebiete herrschte, hatte ein großes Heer versammelt, das nach Nanking marschierte, um Zhu Yunwen, den regierenden Kaiser, zu stürzen. Die chinesischen Chronisten beschreiben eine gewaltige Schlacht, in der 300 000 Soldaten fielen und in der die kaiserlichen Truppen schließlich unterlagen. Die Sieger setzten ihren Marsch fort und versammelten sich vor den Mauern von Nanking, wo ihnen ein Verräter die Tore öffnete. Im Palast, in dem es bereits brannte, schor sich Zhu Yunwen rasch den Kopf kahl, warf sich eine Mönchsrobe über und konnte im allgemeinen Durcheinander entkommen. Er wurde nie mehr gesehen.

Zhu Di besaß eine ganz klare Vorstellung von der Rolle, die das befreite China in Ostasien einnehmen sollte. Ihm gebührte seiner Ansicht nach das Erbe der

29 Die großen Expeditionen der chinesischen Flotten erfolgten auf Befehl von Kaiser Zhu Di (1403–1424), hier porträtiert auf einem anonymen Gemälde aus dem 15. Jahrhundert, das im Nationalmuseum von Taipeh hängt.

Mongolen und damit die Macht über das Reich Kublai Khans. Die Vertreibung der Mongolen aus China genügte ihm nicht; er wollte sie außerdem unterwerfen und verwirklichte dieses Ziel mittels fünf großer, von ihm selbst angeführter Expeditionen. Gleichzeitig drangen weitere Heere ins heutige Vietnam vor, wo sie allerdings auf entschlossenere Widerstand stießen.

Gleichermaßen Symbol und Krönung dieser expansionistischen Politik waren die 1409 verfügte Verlegung der Hauptstadt von Nanking nach Peking und der Bau der Verbotenen Stadt. Noch nie hatte eine rein chinesische Dynastie das Herz des Landes verlassen, um in einer Grenzprovinz zu residieren. Peking lag auf der Schwelle zum Land der Mongolen und an jener großen Mauer, die die »Kultur« gegen die »Barbarei« abgrenzte. Zhu Di ließ sie im Laufe seiner Regierungszeit an zahlreichen Stellen ausbessern und ergänzen. Da man in dieser Region zwar Hirse, Weizen und Gerste anbauen konnte, aber keinen Reis, ließ Zhu Di den Großen Kanal ausbauen – er ist auch heute noch der größte künstliche Kanal der Welt.

Neben den militärischen Kampagnen in Nord und Süd wurden auch zahlreiche diplomatische Missionen ausgeführt, um die Nachbarländer dazu zu bewegen, sich unter den Schutz Chinas zu stellen; zu diesen zählten vor allem Korea, aus dem China Pferde einführte, und der wichtige Handelspartner Japan. Einer der Eunuchen am Hofe, denen Zhu Di zu neuem Einfluss verholfen hatte, wurde beauftragt, die Stammesoberhäupter der Mandschurei aufzusuchen und sie mit prestigeträchtigen Geschenken gefügig zu machen. Mit einer ähnlichen Mission wurde Chen Cheng betraut, der dreimal – 1413, 1416 und 1420 – Zentralasien bereiste und bis Transoxanien kam, dem letzten Überrest des gewaltigen Reichs Tamerlans, der 1405 bei dem Versuch gestorben war, China anzugreifen. Hou Xian, ein anderer Eunuch, begab sich zwischen 1403 und 1406 nach Tibet, um dort nach dem Karmapa zu suchen, dem Oberhaupt des tibetischen Buddhismus. Er fand ihn tatsächlich und brachte ihn nach Peking, wo der Würdenträger mit allen Ehren empfangen und von Zhu Di mit dem Titel »Göttlicher Sohn Indiens unter dem Himmel und auf der Erde, Erfinder des Alphabets, Inkarnation Buddhas, Erhalter des Wohlstands des Landes, Quelle der Redekunst« gnädig gestimmt wurde. Hou Xian besuchte ferner 1413 Nepal, 1415 Bengalen und 1427, zwei Jahre nach Zhu Dis Tod, abermals Tibet.

Als Teil dieses expansionistischen Programms sind auch die großen Seefahrtexpeditionen einzuordnen, die Zhu Di in Angriff nahm. Im Grunde tat Zhu Di nichts anderes, als die Pläne seines Vaters umzusetzen, der in der Umgebung von Nanking schon 1391 über 50 Millionen Bäume hatte pflanzen lassen, damit aus deren Holz eines Tages eine Hochseeflotte gebaut werden konnte. Unter ihm waren außerdem die diplomatischen Beziehungen zu fernöstlichen Ländern vertieft worden, und in Nanking waren Botschafter aus Japan und Korea, Vietnam, Kambodscha und Siam (Thailand), den malaiischen Sultanaten und sogar von der indischen Koromandelküste empfangen worden. Diese kleinen Staaten gedachte Zhu Di nun mit der neuen Flotte Chinas zu beeindrucken und sie so dazu zu bringen, die Übermacht des Reichs des Himmels anzuerkennen und Handelsbeziehungen zu intensivieren.

Schon seit Jahrhunderten legten in den großen südlichen Häfen Kanton, Quanzhou und Fuzhou

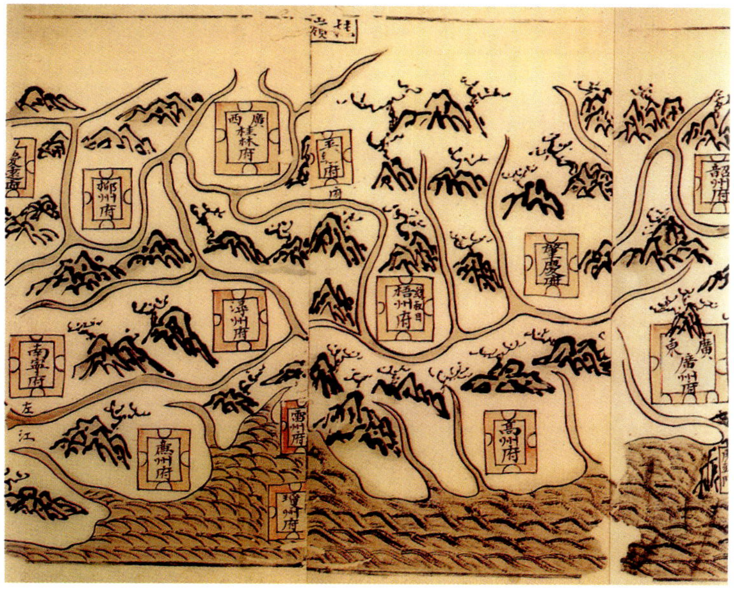

31 Die Handelshäfen und wichtigsten Werften des Reichs der Mitte lagen in den südlichen Provinzen Guangdong und Guangxi. Diese in der Bibliothek von Peking aufbewahrte Karte stammt aus dem Jahr 1577.

schwer beladene Dschunken ab, die nicht nur zwischen den Inseln des indonesischen Archipels kreuzten, sondern sogar bis zu den Küsten Indiens und in den Persischen Golf vordrangen. Der östlichste Hafen, in dem diese Schiffe anlegten, war Hormus. Auf dem Hin- und Rückweg machten die Dschunken in Calicut Station, dem heutigen Kozhikode im indischen Staat Kerala. In jenen Meeren genossen die chinesischen Dschunken vor allem aufgrund ihrer Stabilität und ihrer Größe einen guten Ruf.

Navigia quae navigant in Cathay sunt permaxima, schrieb schon 1330 der Dominikanermönch Giordano Catalani, der die Dschunken nach seiner Ernennung zum Bischof von Quilon in Indien häufig zu sehen bekam: »Die chinesischen Schiffe sind riesig. In ihrem Rumpf beherbergen sie über hundert Kabinen, und bei günstigem Wind spannen sie zehn Segel auf. Bauchig und schwer sind sie, mit dreifachem Kiel, und sehr robust. [...] Trotz ihrer Größe werden diese Schiffe nicht von Eisengerüsten und Nägeln zusammengehalten, sondern scheinen eher mit den Fasern einer Pflanzen verbunden zu sein.«

Auf diesen orientalischen Kreuzern schiffte sich 1342 jener Mann ein, der auch als »arabischer Marco Polo« bezeichnet wurde, einer der bedeutendsten Entdeckungsreisenden aller Zeiten, der Marokkaner Ibn Battuta. Er bewunderte diese Transportmittel sehr: »Es gibt drei Arten chinesischer Schiffe: die großen, Dschunken genannt; die als *zaw* bezeichneten mittleren und die *kakam* oder kleinen. Die großen verfügen über höchstens zwölf, mitunter aber auch nur drei Segel. Die Segel bestehen aus zu Matten geflochtenen Bambusrohren. Sie blähen sich stets im Wind, auch dann, wenn die Dschunke im Hafen vor Anker liegt. Einige dieser Schiffe fassen bis zu tausend Mann: 600 Matrosen und 400 Soldaten. Stets begleiten kleinere Schiffe die großen Dschunken. Sämtliche Dschunken werden ausschließlich in den Städten Zaiton und Sin Kalan (Kanton) im Herzen Chinas gebaut. Mittels langer Ruder, die so dick wie die Masten unserer Schiffe sind, versetzt man sie in Bewegung, und einige erfordern die Kraft von 25 Männern, die im Stehen rudern. Jedes Schiff besitzt vier Brücken, in denen Zimmer, Kabinen und Säle für die Kaufleute untergebracht sind. In jeder Kabine gibt es Kojen, ein Badezimmer und einen Abtritt, und der Passagier kann die Tür mit einem Schlüssel verschließen. Er kann sich auf der Fahrt von seinen Sklavinnen und Ehefrauen begleiten lassen, und bevor sie sich nicht bei der Ankunft in einem Land zeigen, bekommt niemand sie zu sehen. Die Matrosen bringen auf den Schiffen ihre Kinder unter und bauen in geräumigen Holzkisten Gemüse und Ingwer an. Der Kommandant des Schiffes scheint ein großer Emir zu sein: Wenn er an Land geht, laufen ihm die Bogenschützen und die Neger mit Speeren und Schwertern, Zimbeln, Hörnern und Flöten voraus. Dort angelangt, wo er sich aufhalten wird, rammen sie die Speere zu beiden Seiten des Eingangs in den Boden und bleiben so lange stehen, wie er an diesem Ort verweilt. Die Offiziere wohnen in kleinen, an Deck errichteten Holzhäusern, und deshalb sehen große Dschunken wie schwimmende Städte aus. Es gibt Chinesen, die viele dieser Schiffe besitzen und ihre Agenten mit ihnen in die Welt hinausschicken. Im Großen und Ganzen sind die Chinesen das reichste Volk der Welt.« Der Beweis, dass weder die Beschreibung Catalanis noch die Battutas als übertrieben anzusehen sind, wurde 1962 in einer schlammigen Grube am Ufer des Jangtsekiang in Gestalt einer elf Meter langen Steuersäule gefunden. Experten errechneten, dass das damit verbundene Ruder eine Oberfläche von 42 Quadratmetern gehabt haben muss.

Noch vor den beiden ausländischen Chronisten, 1178, hatte ein Beamter des Hafenzollamts von Kanton die Vorzüge der Dschunken nicht ohne Stolz beschrieben: »Die Schiffe, die die Meere des Südens befahren, sind so groß wie Paläste, und wenn sie ihre Segel hissen, gleichen sie gewaltigen Wolken am Himmel. Ein Schiff vermag hunderte von Matrosen aufzunehmen und genügend Proviant für mindestens ein Jahr. An Bord züchten sie Schweine und setzen Wein an. Diejenigen, die an Bord dieser Dschunken gehen, kennen weder fremde Länder noch deren Berge oder Flüsse und wissen nur das, was ihnen der Kommandant während der Fahrt erklärt. Eine Dschunke kann vom Kurs abkommen oder von einem Unwetter überrascht werden, sie kann stranden oder aber auf den Klippen zerschellen. Eine riesige, schwer beladene Dschunke braucht ein unruhiges Meer nicht zu fürchten, doch in untiefen Gewässern kann ein böses Schicksal sie ereilen.«

Ein anderer Autor ließ sich über dieser Schiffe noch ausführlicher aus: »Die größten Dschunken können eine Besatzung von hunderten von Matrosen haben. Nur wenn das Schiff voll beladen ist und die Anzahl der Matrosen erlaubt, den Gefahren des tückischen Meers zu trotzen, wird der Kapitän der Dschunke Kurs auf die hohe See nehmen. Da in den fremden Ländern beträchtliche Nachfrage nach chinesischen Waren aller Art herrscht, empfiehlt es sich stets, große Schiffe zu wählen. Wenn auf einem Schiff mehrere Kaufleute

33 Dieses Modell eines Binnenschiffes aus der Ming-Zeit vermittelt einen Eindruck vom eleganten und majestätischen Aussehen der chinesischen Dschunken (Gelber-Kranich-Turm-Museum, Wuhan, Hubei).

33

mitfahren, so steht jedem ein eigenes Lager zur Verfügung, über das er stets wachen wird. Die Matrosen fürchten weder Wind noch Wellen, fürchten sich aber davor, auf Grund zu laufen, da sie dann mit einem derart schwer beladenen Schiff niemals ins tiefere Wasser zurückkehren könnten. Weisen die Schiffe aus irgendeinem Grund Schäden auf, die nicht von innen her repariert werden können, dann befiehlt der Kapitän ausländischen Sklaven, ins Wasser zu springen und sie auszubessern. Diese Sklaven sind ausgezeichnete Schwimmer, die ihre Augen unter Wasser offen halten können. Der Kommandant ist mit dem Verlauf der Küstenlinie wohlvertraut; tagsüber orientiert er sich mithilfe der Sonne und nachts mithilfe der Sterne, und wenn Wolken die Sonne verdunkeln, findet er den Süden mit dem Kompass. An Bord ernähren sich die Matrosen von Fischen. Sie fangen sie mit Angelhaken, auf die sie Hühner aufspießen. Sobald ein Fisch anbeißt, ziehen sie ihn hoch, und wenn er essbar ist, verzehren sie ihn. Ist er es nicht, so öffnen sie seinen Bauch, um nachzusehen, ob sich darin essbare Fische befinden. Oft finden sie in einem Fischbauch dutzende

34 Die großen Schiffe in Zheng Hes Flotte wurden von schnellen, leichten Kriegsdschunken wie dieser eskortiert, die sie vor Piraten schützen sollten.

Kilogramm Fische. Wenn jemand auf der Fahrt krank wird, bekommt er gewöhnlich Angst davor, an Bord zu sterben, weil man seine Leiche dann auf einem Floß der Strömung überlassen würde. Wünscht jemand eine Seebestattung, so binden sie an die Leiche Gewichte an und werfen sie ins Wasser. Sichten die Seeleute plötzlich auf hoher See Inseln mit verbrannter Vegetation, dann wissen sie, dass nicht Festland, sondern ein Drache in der Nähe ist, vor dem sie fliehen sollten.«

Vor Taifunen und Schlangen ständig auf der Hut, trotzten die chinesischen Seemänner und Kaufleute also schon seit langem den Meeren, um in wilden und gefährlichen Ländern Waren einzutauschen. Sie fuhren reißende Flüsse hinauf, bahnten sich im Gestrüpp jungfräulicher, von Raubtieren und Schlangen bewohnter Wälder ihren Weg, nahmen das Risiko auf sich, von Kopfjägern angegriffen zu werden oder an tropischen Krankheiten zu sterben – und das alles, um erlesene und begehrte Dinge mit nach Hause zu bringen, wie Sandelholz, Muskatnuss, das so genannte Drachenblut (ein Harz für die Lackherstellung) sowie unzählige kleine Papageien, die damals in China gerne als Haustiere gehalten wurden.

Die von Zhu Di bestellte Flotte war im Sommer 1405 bereit. Sie bestand aus 317 Schiffen, darunter über 60 gewaltige Dschunken mit ungefähr 2700 Tonnen Wasserverdrängung: 120 Meter breit, 50 Meter lang, mit neun Masten und einem 4600 Quadratmeter

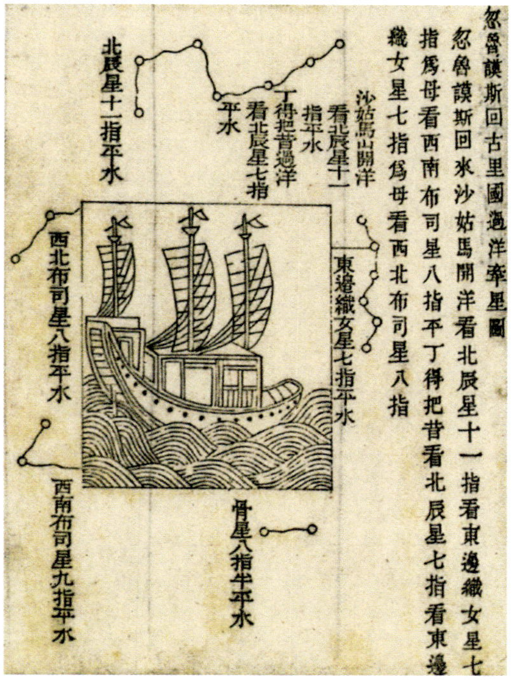

35 Die 1621 gezeichnete, *Wu Bei Zhi* genannte Karte zeigt mehrere Diagramme, die von Zheng Hes Flotte für die Navigation nach den Sternen genutzt wurden; dieses hier gibt die Route von Hormus nach Indien an.

großen Hauptdeck – es waren die größten Holzschiffe, die jemals in See stachen, und jedes dieser Schiffe war etwa zehnmal so groß wie Vasco da Gamas Flaggschiff. Diese *baochuan*, die Schatzschiffe, wurden mit dem Wertvollsten beladen, was China zu bieten hatte, Lackwaren, Porzellan und Seide. Vor, hinter und zwischen diesen riesigen Dschunken fuhren die kleineren Schiffe: die schnellen *machuan* oder »Pferd-Schiffe«, die schweren Frachtdschunken, die Proviant und Soldaten beförderten, sowie die leichteren, wendigen Kriegsdschunken. Die Schiffe trugen Namen wie *Glückseliges Wasserfahrzeug, Reiner Friede* oder *Ewige Harmonie*. Insgesamt fuhren 27 000 Männer mit, Matrosen, Soldaten, Zimmerleute, Schreiner, Köche, Schneider, Segelmacher und Seiler, Pflanzenheilkundler, Astrologen, Meteorologen, Kartografen, zwei Generäle, an die hundert Offiziere, zwei Zeremonienmeister, ein Geomant, knapp 200 Ärzte und eine Reihe von Dolmetschern für alle in Ostasien gesprochenen Sprachen, angefangen von Arabisch, bis hin zu Birmanisch. Außerdem begleiteten sieben kaiserliche Eunuchen die Flotte, die als Botschafter fungieren sollten, assistiert von fünf Dutzend weiteren Eunuchen, die als Kanzler und Kämmerer tätig waren. Mit an Bord war zudem der offizielle Chronist der Expedition, ein muslimischer Eunuch und Arabisch-Dolmetscher namens Ma Huan, der seinem Bericht den klangvollen Titel *Ying-yai Sheng-lan* oder »Gründliche Beschreibung der Meeresküsten« gab.

鄭
和

36 und 37 Zheng Hes Name, in chinesischen Schriftzeichen geschrieben. Dieses Porträt von ihm stammt aus einem Buch aus der Ming-Zeit mit dem Titel *Sanbaos Expedition in den Westlichen Ozean*, einem von Luo Maodeng verfassten, populärhistorischen Roman, der Anekdoten der Reisen Zheng Hes enthält.

Wie wir bereits wissen, hatte Zhu Di bei der Ernennung des Admirals eine gute Wahl getroffen. Es handelte sich um den stattlichen und energischen, 34-jährigen Zheng He, der den Titel eines »Großen Eunuchen« trug. Als ihm das Kommando über die Flotte anvertraut wurde, war er zum mächtigsten Mann Chinas nach dem Kaiser geworden.

Im Juli 1405 erteilte Zhu Di den Befehl, in See zu stechen, doch mussten die Schiffe bis zum Herbst auf günstige Winde warten. Nach zehntägiger Fahrt erreichten sie Xinzhou, das heutige Qui Nhon, im Reich der Champa, das in der Kolonialzeit als Cochinchina bezeichnet wurde. Wie alle Expeditionsteilnehmer war auch Ma Huan von der üppigen Vegetation und den köstlichen Früchten begeistert; er beschrieb diejenigen des Brotfruchtbaums, die so groß wie Eier und so süß wie Honig seien. Entlang der kambodschanischen Küste schob sich die Flotte weiter vor, folgte im Golf von Thailand dem Küstenverlauf und nahm parallel zur Malaiischen Halbinsel Kurs nach Süden. Mit Ebenholz, Elefantenstoßzähnen, Nashornhörnern, schwarzem Bambus und einem besonderen, duftenden Aloeholz beladen, passierten die Schiffe die Malakkastraße und erreichten Sumatra, wo es bereits seit langer Zeit Kolonien chinesischer Händler gab.

Ein chinesischer Pirat namens Chen Zuyi machte die Gewässer jener Gegend unsicher. Es kam zu einem Scharmützel, doch Zheng He verschob die Abrechnung mit dem Gesetzlosen auf einen geeigneteren Zeitpunkt und steuerte zunächst Java an, eine Insel, auf der Vögel lebten, die die menschliche Stimme nachahmten, sowie streitbare Männer, die stets mit einem Dolch bewaffnet

洋彩鷂飽風潮路

waren, »vom dreijährigen Knaben bis hin zum hundertjährigen Greis«; die Bewohner dieser Insel ernährten sich angeblich von Schlangen und Insekten jeder Art. Weiter ging die Fahrt quer über den Indischen Ozean und nach Ceylon (Sri Lanka), mit einer Unterbrechung auf den Nikobaren, deren »nackte und wilde« Bewohner der Fantasie all derer, die jene Gewässer befuhren, offensichtlich reichlich Nahrung lieferten. Ein halbes Jahrhundert zuvor hatte Ibn Battuta, ein ansonsten sehr nüchterner Berichterstatter, geschrieben, dass die Bewohner der Nikobaren Hundeschnauzen hätten. Ma Huan dagegen behauptete, dass sie keine Kleider tragen könnten, da auch nur der geringste Kontakt mit Stoff auf ihrer Haut sofort Wunden und Geschwüre entstehen lasse. Der Grund dafür sei, dass ihre Vorfahren die Kleider des badenden Buddhas gestohlen hätten, der die Diebe verflucht habe.

Der König von Ceylon empfing die chinesischen Besucher mit großer Zurückhaltung, und bald brachen sie wieder auf, um die bedeutende Handelsstadt Calicut zu erreichen, in der sie sich vermutlich von Dezember 1406 bis April 1407 aufhielten, um auf den günstigen Monsun zu warten. Dann befahl Zheng He, Kurs auf China zu nehmen, und sie fuhren nach Hause, beladen mit allerlei exotischen Waren. Mittlerweile befanden sich an Bord auch zahlreiche Gesandte größerer und kleinerer asiatischer Reiche, die dem Sohn des Himmels die Grüße und den Tribut ihrer Herrscher überbringen sollten. Der Admiral brachte seinem Kaiser außerdem noch den Piraten Chen Zuyi mit, den er nach einer Schlacht in der Malakkastraße gefangen genommen hatte, bei der die Dschunken des Piraten versenkt worden und 5000 seiner Männer ums Leben gekommen waren. Chen Zuyi wurde in Nanking gemeinsam mit seinen wichtigsten Leutnants hingerichtet.

Die Anfang Oktober 1407 heimgekehrte Flotte stach bald wieder in See (entweder noch im gleichen Jahr oder aber Anfang 1408), allerdings ohne Zheng He, der zurückblieb, um sich um zwei Angelegenheiten zu kümmern, die ihm besonders am Herzen lagen. Zum einen beaufsichtigte er die Restaurierung des Tempels der Göttin Tianfei, die ihn und seine Gefährten auf der langen Reise beschützt hatte, zum anderen gründete er in Nanking eine Dolmetscherschule, gewissermaßen als Vorbereitung auf spätere Expeditionen. Er soll außerdem viel Zeit damit verbracht haben, mit Zhu Di über das mysteriöse Verschwinden von dessen Vorgänger, Kaiser Zhu Yunwen, zu sprechen. Die offizielle

38 Mit ihren vielen Masten und den mit Bambus verstärkten Segeln wirkten die Schiffe der Schatzflotte wie schwimmende Paläste und versinnbildlichten Wohlstand und Macht des Reichs des Himmels.

39 Die von Zheng He befehligte Flotte sollte in den von chinesischen Schiffen befahrenen Meeren für Ordnung sorgen. Dieses Gemälde des Künstlers Qiu Ying (1494–1552, Ming-Zeit), das in der Verbotenen Stadt hängt, stellt die Gefangennahme des Piraten Chen Zuyi dar, der nach Nanking gebracht und dort hingerichtet wurde.

六平山
南台桥
福建布政司
乌头
長乐
巡检司
巡检司
五虎山
連江卫
定海卫
三礁
官塘山
东湧山

Geschichtsschreibung der Ming-Dynastie bestätigt dies; sie hält fest, dass eine der wichtigsten Missionen der Schatzflotte darin bestand, Zhu Yunwen aufzuspüren oder zumindest nach seinem Schicksal zu forschen.

Während Zheng He restaurierte, betete und sich mit dem Sohn des Himmels unterhielt, brachten seine Schiffe die Botschafter Siams mit nach China zurück. Anschließend nahm die Flotte abermals Kurs auf Calicut, wirkte bei der Einsetzung eines neuen Herrschers mit und stellte eine Stele auf, die die guten Beziehungen zwischen diesem indischen Königreich und dem Reich der Mitte pries.

Die Leitung der dritten Expedition, die 1409 auslief, übernahm der Admiral wieder selbst, um Parameswara, den Herrscher von Malakka, das von Siam beansprucht wurde, der Unterstützung Chinas zu versichern. Ma Huan zufolge waren die chinesischen Matrosen über den Aufenthalt in diesem Hafen alles andere als erfreut, denn die Malaiische Halbinsel hatte einen schlechten Ruf. Angeblich gab es dort Geister, die Kinder verschlangen, und Wertiger, die im Landesinneren in Dörfern lebten, in Hütten mit Dächern aus geflochtenem Frauenhaar. Zheng He bot Parameswara eine Eskorte und ein Schiff an, das ihn und seine Familie nach China bringen sollte, wo er sich zum tributpflichtigen Vasallen des Kaisers erklären würde.

Anschließend setzte er die Fahrt nach Sumatra fort, um dort ätherische Öle, Gewürze und Heilkräuter an Bord zu nehmen, bevor es nach Ceylon weiterging. Hier weigerte sich der »hochmütige und arrogante« König Alakeswara nicht nur, sich zum Vasallen Chinas zu erklären, sondern forderte auch noch Geschenke in Form von Gold und Silber. Als der Admiral sie ihm verweigerte, griff er dessen Schiffe an. Zur Weiterfahrt gezwungen, begaben sich die Chinesen zunächst nach Indien und liefen die Häfen Quilon, Cochin und Calicut an, um dort Waren einzutauschen. Dann aber kehrte Zheng He um, stürmte mit 2000 handverlesenen Soldaten Alakeswaras Palast und nahm den König gefangen, um ihn später in Ketten seinem Kaiser vorzuführen. So erzählt es zumindest der Chronist dieser Reise, der Beamte Fei Hsin, dessen Buch einen Titel trägt, der wohl gewollt an jenen Ma Huans erinnert: *Hsing-ch'a Sheng-lan*, »Gründliche Beschreibung der Sternenflotte«. Die Dschunken kehrten im Juni 1411 zurück, und in den darauf folgenden Monaten empfing der Sohn des Himmels eine Reihe von Gesandten kleinerer, von Zheng He besuchter Reiche, die sich zu seinen Vasallen erklärten.

Am 18. Dezember 1412 erteilte der Kaiser den Befehl, eine vierte Expedition auszurüsten. Dieses Mal sollte die Flotte bis in den Persischen Golf vordringen. Die Vorbereitungen dauerten lang – was auch an der Länge der geplanten Strecke liegen mochte –, und erst gut ein Jahr später, im Januar 1414, war die Flotte bereit, in See zu stechen. Die ersten Etappen der Route waren inzwischen wohl vertraut: Champa, Java, Malaysia und Sumatra, wo Zheng He und seine Männer in dem von blutigen Unruhen erschütterten Stadtstaat Semudera

40 Zheng He und die Kapitäne seiner Schiffe benutzten Segelanleitungen wie diese, die Teile der Küste von Fujian mit Inseln, Riffen und Flussmündungen abbildet.

42 und 43 Unter den Geschenken, die die Schatzflotte ins Reich der Mitte zurückbrachte, waren in China bis dahin unbekannte afrikanische Tiere wie Zebras und Giraffen. Die Giraffen hielt man für Verkörperungen des *qilin*, eines Tieres aus der chinesischen Mythologie. Diese von Shen Du (1357–1434) porträtierte Giraffe wurde dem kaiserlichen Hof 1414 vorgestellt (Philadelphia Art Museum).

eine für China vorteilhafte Ordnung wiederherstellten. Nächstes Ziel waren die Malediven, weil Zheng He dort wertvolles graues Ambra (eine Substanz aus dem Darm von Pottwalen) kaufen wollte, das mit Silber aufgewogen wurde.

Ohne in Ceylon in Calicut Halt zu machen, ließ er sodann Kurs auf das ferne Hormus nehmen, wo die Chinesen begeistert empfangen wurden und gute Geschäfte machten, indem sie Porzellan und Seide gegen Topase, Rubine, Perlen, Korallen und Teppiche eintauschten. Ma Huan zeigte sich von der wohlhabenden Kaufmannsstadt beeindruckt; ihre Bewohner fand er »schön, vornehm, elegant« und »außerordentlich vermögend«. In Hormus gäbe es keine Armen, schreibt er, denn wenn »eine Familie verarmte, so erhielt sie von den anderen Kleidung, Nahrung und Geld, sodass sie sich bald von ihrem Unglück erholte«.

In diesem Hafen, in dem Seeleute aus aller Welt verkehrten, begegnete der Admiral den Gesandten dreier Stadtstaaten an der ostafrikanischen Küste, Malindi, Baraawe und Mogadischu, und konnte sie überreden, mit ihm nach China zu kommen, um dem Kaiser ihre Aufwartungen zu machen. Inzwischen kehrte sein Stellvertreter Yang Min, der sich in Bengalen mit einer Abteilung von der Flotte getrennt hatte, in die Heimat zurück, zusammen mit dem König jenes Landes und einem Geschenk, über das sich Zhu Di sehr gefreut haben dürfte: eine Giraffe, ein in China vollkommen unbekanntes Tier, das der König von Bengalen seinerseits vom Sultan von Malindi erhalten hatte. Yang Min war überzeugt, ein *qilin* vor sich zu haben, eines der vier heiligen Tiere der chinesischen Mythologie, das sich nur in Perioden von Frieden und Wohlstand zeigte. Das angebliche *qilin* wurde im September 1414 dem Hof vorgestellt, und man beauftragte den Maler Shen Du, es zu verewigen. Zheng He kehrte im Sommer des folgenden Jahres nach China zurück und brachte die afrikanischen Gesandten mit. Zu ihnen gesellten sich weitere Botschafter aus Malindi, die (vermutlich auf Anraten des Admirals hin) eine zweite Giraffe und einige als »Himmelspferde« bezeichnete Zebras mitbrachten. Sie alle wurden im Rahmen einer feierlichen Audienz im November 1416 empfangen, und im Dezember desselben Jahres befahl Zhu Di seinem Admiral, eine weitere

麒麟圖
永樂十二年歲次甲午秋九月榜葛剌國進貢
華亭沈度寫

Reise vorzubereiten, unter anderem zu dem Zweck, die Gesandten aus 19 Ländern, die ihn aufgesucht hatten, in ihre Heimat zurückzubringen.

Auf dieser fünften Expedition wurde bis Hormus dieselbe Route beibehalten wie bei der vierten. Hinter Hormus folgte Zheng He mit einem Teil der Flotte dem Verlauf der arabischen Küste bis zum Hafen der damals sehr wohlhabenden Stadt Aden. Aden sei so reich, schreibt Ma Huan, dass seine Frauen buchstäblich mit Edelsteinen bedeckt seien. Die Chinesen tauschten Porzellan, Sandelholz und Pfeffer gegen Perlen, Edelsteine, Korallen und Rosenwasser ein, und der Sultan machte Kaiser Zhu Di vierbeinige beziehungsweise geflügelte Geschenke in Gestalt von Löwen, Leoparden, Zebras, einer Giraffe und Straußen. Anschließend passierten die Schiffe die unruhige Meerenge Bab al-Mandab, um entlang der ostafrikanischen Küste nach Süden zu fahren. Hier liefen sie zuerst Mogadischu an, das von »streitsüchtigem Volk« bewohnt und von »nichts anderem als Sand« umgeben war. Sodann gelangten sie nach Baraawe, das sie »unerträglich heiß« fanden. Wie zum Ausgleich dafür lebten hier »sehr schöne Frauen, die sich mit Ohrringen und Ketten schmücken und ihre sehr langen schwarzen Haare zu einem hohen Turm aufstecken«. Zweck dieses Abstechers in ein Land, das die Chinesen bisher nur vom Hörensagen kannten, war die Suche nach einem zweiten Tier aus der chinesischen Mythologie, dem Einhorn, Symbol von Reichtum und Langlebigkeit. Der Admiral folgte der Küste bis nach Malindi und Mombasa im heutigen Kenia hinunter nach Süden und kehrte im Juli 1419 mit der üblichen Ladung von wertvollen Waren und Gesandten nach China zurück. Letztere blieben zwei Jahre lang Zhu Dis Gäste, bis der Kaiser im Frühjahr 1421 den Befehl erteilte, sie nach Hause zurückzubringen.

Zheng Hes sechste Reise war sehr kurz, denn der Admiral begleitete die Flotte, die wieder nach Afrika unterwegs war, nur bis Sumatra und kehrte dann zurück – vermutlich, weil er an den Feierlichkeiten anlässlich der Fertigstellung der Verbotenen Stadt teilnehmen wollte. Gesichert ist, dass er sich im November 1421 in Peking aufhielt, während die nach Afrika aufgebrochene Flotte erst ein Jahr später zurückkehrte.

Zhu Di starb im August 1424 fern von Peking in der Mongolei während einer Militärkampagne, die er gegen einen abtrünnigen Stammeschef geführt hatte. Die letzten Jahre seiner Regierungszeit wurden von zahlreichen Missgeschicken überschattet, darunter ein Brand in der soeben vollendeten Verbotenen Stadt, ausgelöst von einem Blitzeinschlag (der als Zeichen des Himmels gedeutet wurde), und eine Epidemie in den südlichen Provinzen, die tausende Menschenleben forderte. Zum Zeitpunkt des Todes seines Kaisers, Beschützers und Freundes befand sich Zheng He in Palembang auf Sumatra, wo er einen Streit zwischen zwei Prätendenten auf den Thron des Stadtstaats schlichten sollte. Auch als Zhu Dis ältester Sohn, Zhu Gaozhi, am 7. September 1424 zum Kaiser erklärt wurde, war Zheng He noch nicht nach China zurückgekehrt. Der neue Herrscher erließ sofort ein Edikt, das mit den Worten »Alle Reisen

45 Mit Zhu Dis Tod 1424 endeten die Entdeckungsreisen zunächst, denn sein Sohn und Nachfolger Zhu Gaozhi, dessen Bildnis wir hier sehen, befahl, die Expeditionen abzubrechen und die Schiffe ins Dock zu ziehen.

熾成祖長子
在位一年

der Schatzschiffe sind abzubrechen« begann und in dem er anordnete, die Schiffe zu entwaffnen. Die zur Einschiffung vorbereiteten Waren sollten anderweitig verwendet und sämtliche im Ausland befindlichen Beamten nach China zurückgebracht werden. Zheng He verlor damit zwar auf einen Schlag seine Flotte und sein Amt, fiel aber keineswegs in Ungnade, sondern wurde zum militärischen Oberbefehlshaber über Nanking ernannt, wo er sich ein prächtiges, großzügiges Haus bauen ließ.

Zhu Gaozhi regierte nur wenige Monate. Nach seinem Tod am 29. Mai 1425 ging der Thron an seinen Sohn Zhu Zhanji über, der beabsichtigte, nicht die Politik des Vaters, sondern die des Großvaters weiterzuführen. Im Juni 1430 ordnete folglich ein kaiserliches Edikt eine weitere Reise der Flotte unter der Leitung der Eunuchen Zheng He und Wang Jinghong an. Da die Schiffe sechs Jahre lang sich selbst überlassen geblieben waren, dauerten die Vorbereitungen länger als sonst. Endlich, im Januar 1432, konnten sie ihre südchinesischen Häfen verlassen, um wie gewohnt Kurs auf Champa, Malaysia, Sumatra, Java, Ceylon und Calicut zu nehmen, wo sie im Dezember desselben Jahres ankamen. Hier teilte sich die Flotte in Abteilungen auf, die jeweils nach Hormus, zu den ostafrikanischen Stadtstaaten, nach Dhofar, wo die Chinesen Weihrauch, Myrrhe und Benzoeharz an Bord nahmen, und nach Jiddah fuhren, Mekkas Hafen am Roten Meer. Hartnäckig hält sich das Gerücht, dass Zheng He, der ebenso wie sein Vater Muslim war, die Gelegenheit wahrnahm, um nach der heiligen Stadt des Islams zu pilgern. Doch sein treuer Chronist Ma Huan erwähnt nichts davon, und seine vage Beschreibung von Mekka und Medina legt nahe, dass sie aus zweiter Hand stammt. Wahrscheinlicher ist, dass der damals 62-Jährige und bereits sehr kranke Zheng He zusammen mit Ma Huan in Calicut auf die Rückkehr seiner Schiffe wartete. Als die letzte Schatzflotte wieder vollständig versammelt war, nahm sie Kurs auf China, wo sie im Juli 1433 eintraf, allerdings ohne ihren Admiral: Zheng He starb unterwegs und erhielt vermutlich ein Begräbnis auf hoher See, denn das von seinem Neffen für ihn errichtete Grabmal ist leer.

Zwei Jahre später starb ganz unerwartet auch der junge Kaiser, Zhu Zhanji. Sein Tod bedeutete den Sieg der isolationistischen Höflinge und das Ende von Chinas Herrschaft über die Meere. Die Schiffe wurden ins Trockendock gezogen, wo sie allmählich verrotteten. Ihre Baupläne wurden zerstört und mit ihnen Zheng Hes Reiseberichte, die man zu »trügerischen Übertreibungen seltsamer Dinge, die sich weitab von Augen und Ohren zutrugen« erklärte. Zhu Dis Expeditionen sah man nun als »nutzlose Vergeudung von Geld und Getreide, die darüber hinaus auch noch sehr viele Männer das Leben kostete« an, und die Waren, die die Flotte nach China zurückgebracht hatte, galten fortan als wertlos. Der Handel mit dem Ausland wurde verboten.

47 Die Schatzflotte war so groß, dass sich die Schiffe, aus denen sie bestand, vor der Abreise in mehreren südchinesischen Häfen versammeln mussten. Dieses Bild zeigt, wie sich der moderne Maler Xing Shaolan den Anblick der Flotte vorstellt.

Dies also ist die Geschichte der Reisen des Großen Eunuchen Zheng He, eines Mannes, der zu den bedeutendsten Seefahrern aller Zeiten zählt. In ihrem 1994 erschienen Buch *When China ruled the Seas* erzählt Louise Levathes diese, von chinesischen Wissenschaftlern rekonstruierte Geschichte nach und merzt dabei viele Fehler aus, die sich im Laufe der Jahrhunderte eingeschlichen hatten. Einige Jahre später stellte Gavin Menzies, ein ehemaliger Offizier der britischen Marine, eine ebenso kühne wie verlockende Theorie auf. Ausgehend von den Forschungen des verstorbenen Professors Wei Juxian aus Nanking, von verschiedenen schriftlichen Quellen, vor allem aber von Karten, die seinerzeit der Zerstörung entgingen, behauptet er, dass 1421 vier von Stellvertretern Zheng Hes befehligte Abteilungen der Flotte ausgesandt worden wären, um die Erde zu umsegeln, und dass die Schiffe im Oktober 1423 zum Ausgangspunkt zurückgekehrt seien, nachdem sie das Kap der Guten Hoffnung umfahren und die ostafrikanische Küste, Amerika, Grönland, Australien, Neuseeland und die Inseln des Pazifischen Ozeans erkundet hätten. Einige Schiffe sollen südlich bis zur Antarktis und nördlich bis zum Rand der Eiskappe des Nordpols vorgedrungen sein. Europa allerdings sei den chinesischen Seefahrern unbekannt geblieben. Die Kartografie der Erde – Frucht dieser Expeditionen –, die verhältnismäßig präzise gewesen sei, da die Chinesen ein Verfahren zur Messung der Länge kannten, sei um 1428 bereits vollständig gewesen und auf unbekanntem Weg ins Abendland gelangt: Europäische Kosmografen wie Fra Mauro, Cantino, Pizzigano, Waldseemüller und Piri Reis sollen auf ihren Karten Länder eingezeichnet haben, von deren Existenz sie eigentlich nichts wissen konnten, da sie noch nicht »entdeckt« worden waren. Und »Entdecker« wie Kolumbus, Diaz, Vasco da Gama, Cabral und Magellan seien mit Seekarten chinesischer Herkunft ausgerüstet gewesen und hätten daher im Voraus gewusst, was sie jenseits der Meere finden würden.

»Diese Behauptungen«, schreibt Menzies gegen Ende seines faszinierenden Buchs *1421: Als China die Welt entdeckte*, »werden sicher Befremden auslösen, doch emotionslos betrachtet ist nichts Unlogisches daran. Die Chinesen hatten eine viel ältere und reichere Seefahrttradition als die Europäer. Als Zhu Dis Flotten 1421 ausliefen, blickten die Chinesen auf mindestens 600 Jahre Ozean-Entdeckungsfahrten und astronomische Navigation zurück; als Diaz und Magellan ausliefen, kannten die Portugiesen noch keine Methode, südlich des Äquators zu navigieren. Zheng Hes Flotten mit ihren Schatzschiffen und den sie begleitenden Versorgungsschiffen waren die Produkte eines groß angelegten Schiffbauprogramms, das durch die wirtschaftliche Stärke Chinas möglich wurde; die winzigen Karavellen eines Cabral, Diaz oder Magellan hätten neben den chinesischen Schiffen wie Beiboote gewirkt. Bis zum Bau von Napoleons großem Flagschiff *L'Oriente* fast vier Jahrhunderte später hatte kein Holzschiff auch nur annähernd die Größe der riesigen Schatzschiffe erreicht, die den Chinesen die überlegene Beherrschung der Ozeane ermöglicht hatten.«

49 Vergleiche der Leistungen Zheng Hes mit denen der europäischen Seefahrer zeigen, welche Unterschiede zwischen der chinesischen Schiffbautechnologie des 15. Jahrhunderts und der europäischen des 16. Jahrhunderts bestanden.

ZHENG HE	CHRISTOPH KOLUMBUS	VASCO DA GAMA	FERDINAND MAGELLAN	FRANCIS DRAKE
NATIONALITÄT **Chinese**	NATIONALITÄT **Italiener, von Spanien beauftragt**	NATIONALITÄT **Portugiese**	NATIONALITÄT **Portugiese, von Spanien beauftragt**	NATIONALITÄT **Engländer**
ANZAHL DER REISEN **7**	ANZAHL DER REISEN **4**	ANZAHL DER REISEN **3**	ANZAHL DER REISEN **1**	ANZAHL DER REISEN **9**
ZEITRAUM DER REISEN **1405 -1433**	ZEITRAUM DER REISEN **1492 -1504**	ZEITRAUM DER REISEN **1497 -1524**	ZEITRAUM DER REISEN **1519 -1522**	ZEITRAUM DER REISEN **1567 -1596**
ANZAHL DER SCHIFFE **41–317**	ANZAHL DER SCHIFFE **3–17**	ANZAHL DER SCHIFFE **4–14**	ANZAHL DER SCHIFFE **5**	ANZAHL DER SCHIFFE **2–30**
ANZAHL DER MÄNNER **27 550–30 000**	ANZAHL DER MÄNNER **104–1200**	ANZAHL DER MÄNNER **nicht bekannt**	ANZAHL DER MÄNNER **270**	ANZAHL DER MÄNNER **166**

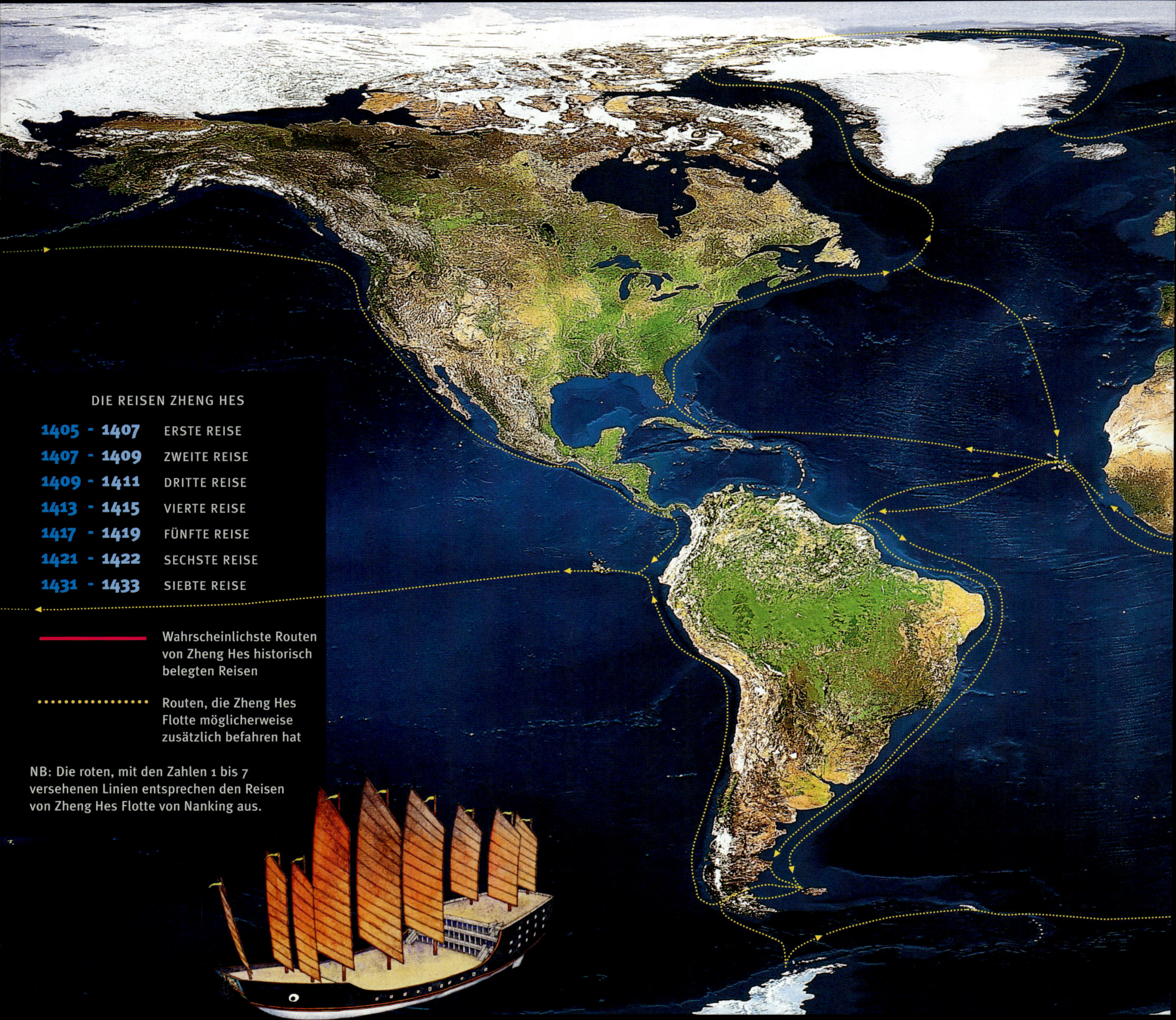

1402
Beginn der 22-jährigen Regierungszeit des Ming-Kaisers Zhu Di.

1405
Zheng Hes Flotte bricht von Nanking aus zu ihrer ersten Reise auf.

1406
Das Ptolemäische System wird ins Lateinische übersetzt und verändert die Weltsicht der Europäer.

1406
Die chinesische Flotte erreicht Calicut an der Westküste Indiens.

1411
Zheng He fällt in Ceylon (Sri Lanka) ein und nimmt den König gefangen.

1415
Zheng Hes Soldaten besiegen ein mehrere tausend Männer zählendes Heer und nehmen den Usurpator des Throns von Sumatra gefangen.

1415
Zheng Hes Flotte erreicht Hormus und erkundet den Mittleren Osten.

1415
An der Spitze einer portugiesischen Armee besiegt Heinrich der Seefahrer bei Ceuta in Marokko die Mauren.

1417
Zheng He unterstützt Cochin gegen das benachbarte, feindliche Calicut.

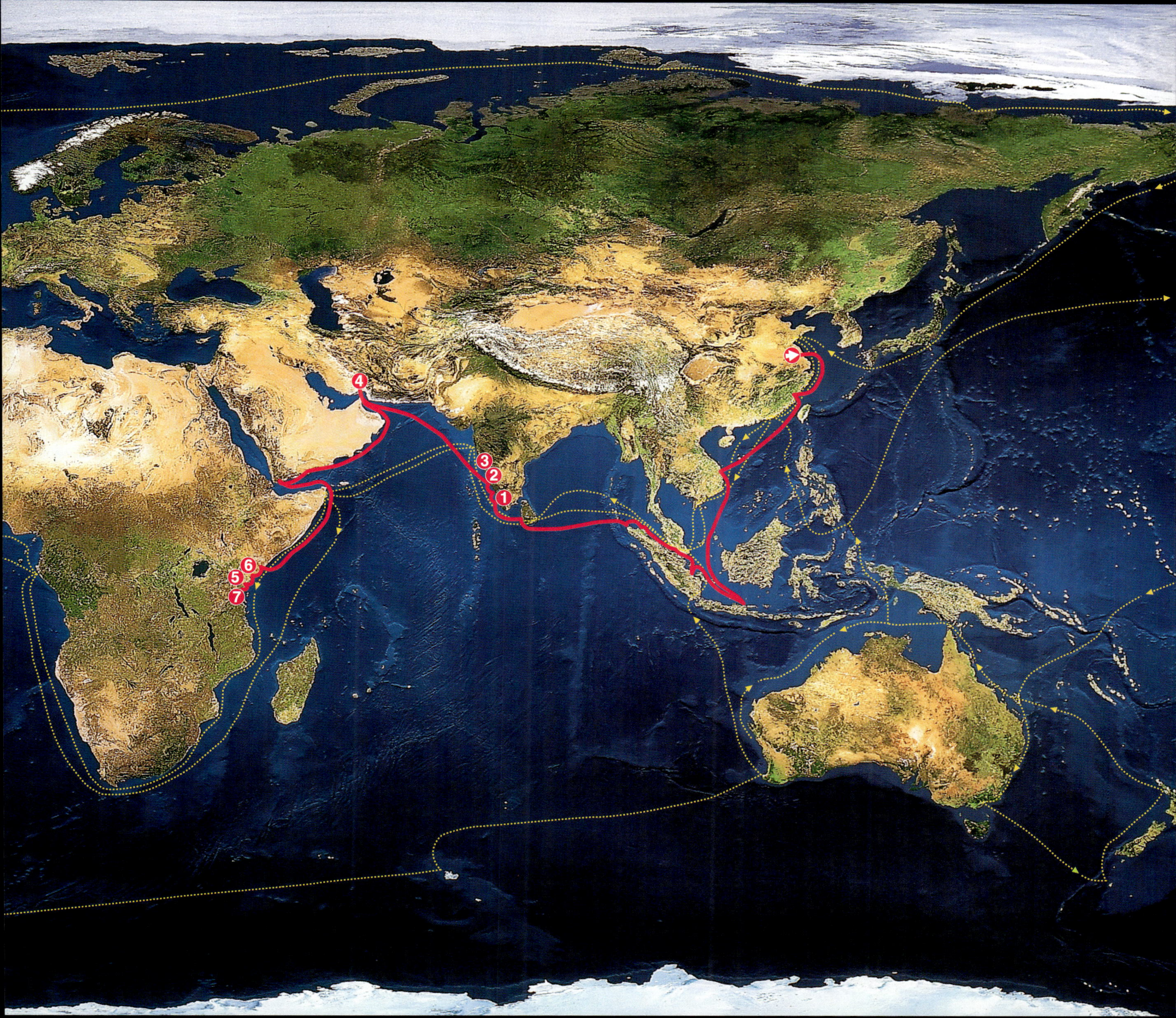

1418

Zheng Hes Flotte nimmt bei ihrer ersten Fahrt zur ostafrikanischen Küste eine befestigte Stadt in der

1420

Portugiesische Seefahrer erreichen Madeira und beginnen, die afrikanische Westküste zu

1427

Portugiesische Schiffe erreichen die 1500 km von Lissabon entfernten, mitten

1433

Zheng He stirbt im Alter von 62 Jahren und wird vermutlich auf See bestattet, und nicht in

1434

Der Portugiese Gil Eanes umfährt das berüchtigte westafrikanische, auf der

1436

Der chinesische Kaiser verbietet den Bau von Hochseeschiffen.

1443

Heinrich der Seefahrer gründet in Sagres, Portugal, eine Seefahrtschule mit Sternwarte und einem Zentrum für

1448

Portugal errichtet auf der Insel Arguin vor der Küste des heutigen Mauretanien eine Festung.

DIE ANFÄNGE

CHINA

DAS REICH DER MITTE EROBERT DIE MEERE

CHINA

Zheng Hes unglaubliche Reise nahm in dem abgelegenen Dorf Kunyang in der Provinz Yunnan ihren Anfang, 30 Tagesmärsche von der nächsten Küste entfernt. Auch meine Reise begann an diesem Ort.

Ich hatte für meine Fotoexpedition 16 Wochen Zeit. Das kommt einem zunächst viel vor, aber auf die einzelnen Etappen aufgeteilt, bedeutete es, dass ich mich in jedem der zwölf Länder nur gut eine Woche aufhalten konnte und somit kaum Zeit hatte, um an weit voneinander entfernt liegenden Orten nach Motiven zu suchen. Zum Glück hatte ich in Jia Li Ming aus Peking einen hervorragenden Assistenten.

Der Assistent eines Fotografen ist gleichzeitig Fremdenführer, Reisekoordinator und Produktionsmanager. Nachdem ich eine Liste der geplanten Aufnahmen zusammengestellt habe – die am Anfang eher so etwas wie ein Wunschzettel ist –, wende ich mich an meinen Assistenten. Er soll mir helfen, die Motive zu finden, die ich fotografieren will. Gute Assistenten, wie Jia einer ist, wissen instinktiv, welche Motive gute Bilder abgeben. Jia, der früher in der Werbebranche gearbeitet hatte und über die Sensibilität eines Journalisten verfügte, kam von einer der besten chinesischen Reiseagenturen und kannte meinen Arbeitsstil, da er mir vor einiger Zeit zwei Monate lang bei einer Reportage über die Große Mauer zur Seite gestanden hatte.

Jia und ich brachen nach Yunnan auf, und als wir in Kunyang den Zheng-He-Park entdeckten, fanden wir zunächst, dass sich die Sache gut anließ: Örtliche Geschäftsleute und Schulkinder hatten die zehn Meter hohe Statue des Admirals anlässlich des bevorstehenden 600-Jahre-Jubiläums seiner ersten Reise mit kitschigen Schiffchen aus Papier und Plastik geschmückt.

Im Park war auch ein brandneues Museum, in dem Schiffsmodelle und das stark geschönte Modell seines angenommenen Wohnhauses ausgestellt wurden. Ein riesiges Porträt Zheng Hes war so auf eine Wand gemalt, dass es die Familien, die im gegenüberliegenden Teepavillon ihr Picknick einnahmen, gut im Blickfeld hatten, und Lautsprecher beschallten die Besucher mit Aufzählungen seiner Heldentaten. Der Park ist Sinnbild der neuen Zheng-He-Manie in einem Land, das diesen Mann fast 600 Jahre lang vergessen hatte.

Leider gab es in dem Park nichts, was ich fotografieren wollte.

Ich hoffte Battuta, dass Nanking mehr hergeben würde, schließlich war es die Hauptstadt des ersten Ming-Kaisers, und Zheng He hatte dort als Eunuch am Hofe des jungen Zhu Di gedient. In Nanking boten sich mir die besten Möglichkeiten, die Träume Zhu Dis – jenes Mannes, der China eine unübertroffene Blütezeit bescherte – in Bilder zu fassen. Im Steinbruch von Yangshan, 24 Kilometer vor Nanking, liegt der im

55 Dieser 31 000 Tonnen schwere Monolith, den Zhu Di zu einem Monument für seinen Vater verarbeiten lassen wollte, liegt immer noch dort, wo er geschnitten wurde, da sich der Transport als unmöglich herausstellte.

Auftrag Zhu Dis herausgebrochene, 31 000 Tonnen schwere Monolith, der weder im 15. Jahrhundert noch später von der Stelle bewegt werden konnte (selbst heutige Super-Kräne wären nicht dazu in der Lage). Ich fotografierte ihn bei leichtem Regen, als eine einzelne Touristin mit einem rot-weißen Schirm über den dunklen nassen Stein lief. Dank des Kontrasts zwischen der winzigen menschlichen Gestalt und dem riesigen Stein konnte ich mit einem Foto die Größe der Vision jenes Mannes verdeutlichen, der Zheng Hes Expeditionen initiiert hatte.

Als Nächstes reisten wir nach Hangzhou, einer zu Zheng Hes Zeiten sehr betriebsamen Stadt, die Marco Polo als »größte Stadt der Welt« bezeichnet hatte. Dort wollte ich jene Waren fotografieren, die die Schatzflotte vermutlich im Ausland verkauft hatte: Seide, Tee, Kunstgegenstände und Porzellan. Weil ich bereits für die Marco-Polo-Reportage in Hangzhou gearbeitet hatte, wusste ich, wo ich fündig werden würde.

Von Hangzhou aus brach ich zur Insel Zhousan auf, wo ich meine immer aussichtsloser erscheinende Suche nach hölzernen Dschunken fortsetzte. Schließlich fand ich doch eine: die *Grüne Augenbraue*, der Nachbau eines Schiffs aus der Song-Dynastie mit blitzsauberen weißen Decks und einer ebensolchen Crew. Schiff und Crew arbeiteten ausschließlich in der Tourismusbranche und hielten sich stets in Sichtweite der Küste. Ich fotografierte die Dschunke mit gesetzten Segeln und laufenden Motoren, war mir aber vollkommen darüber klar, dass *National Geographic* diese Bilder niemals verwenden würde.

Nach meiner Rückkehr zum Festland fuhr ich an der Küste der Provinz Fujian entlang bis Changle, wo Zheng He einst 300 Schiffe versammelt hatte. Der Hafen, von dem aus er in See stach, ist heute vollkommen versandet, und dort, wo einst seine Neunmaster in der Dünung schaukelten, stehen heute neunstöckige Wohnhäuser.

Ich begab mich nach Xiamen, wo ich nach tagelanger Suche endlich auf ein interessantes Motiv stieß: ausgedehnte Austern-, Krebs- und Fischfarmen. Xiamen ist Chinas »Aquakultur-Hauptstadt«. Ganze zwei Tage verbrachte ich damit, Lichtreflexe auf dem Wasser und die von Gezeiten, Fischernetzen und dem Gestänge der Austernzuchten im Wasser erzeugten Linien zu fotografieren. Vor 700 Jahren hatte Marco Polo Aquakulturen in Hangzhous Westsee beschrieben, und jetzt, im 21. Jahrhundert, gab es sie immer noch.

»Was hat das alles mit Zheng He zu tun?« Ich hatte schon geahnt, dass dies die erste Frage von Elisabeth Krist sein würde, meiner Bildredakteurin bei *National Geographic*, sobald sie die vielen Filmrollen zu sehen bekam, die ausschließlich Austernfarmen zeigten. Mein Arbeitsstil besteht darin, zuerst abzudrücken und die Fragen später zu stellen. Wenn das Foto gut ist, kann ich hinterher ja eine Geschichte drum herumbasteln. Im Rahmen dieser Geschichte machte es Sinn, eine Austernzucht zu zeigen, da wir dank Marco Polo wissen, dass es sie in China bereits im 13. Jahrhundert gab. Auch Zheng He, der auf seinem Weg in den Süden an Xiamen vorbeikam, mussten sie aufgefallen sein. Schließlich zogen seine Matrosen mit ähnlichen Aquakulturtechniken einen großen Teil ihres Obsts und Gemüses an Bord, so wie sie dort auch Schweine und Hühner züchteten. Für mich war das Rechtfertigung genug.

Mein nächstes Ziel in der Provinz Fujian war Yongding, die Heimat der Hakka, eine von Chinas bekanntesten ethnischen Minderheiten, die für ein wichtiges Erbe Zheng Hes stehen: die Gründung der chinesischen Diaspora. Das Wort »Hakka« bedeutet »Gastsiedler«. Zheng Hes Reisen bewirkten nicht nur die Ausbreitung der chinesischen Kultur, sondern ermöglichten auch, dass sich chinesische Auswanderer überall in Südostasien niederließen. Die geografischen Erkenntnisse, die er auf seinen Reisen gewann, trugen dazu bei, dass den Chinesen die Welt außerhalb ihres Landes weniger bedrohlich erschien, und machten es ihnen leichter, sich in die Fremde zu wagen. Bevor sich das heutige China dem Westen öffnete, hielten die Amerikaner die traditionellen Wohnbauten der Hakka, die sie auf Satellitenaufnahmen sahen, für Raketenabschussbasen. Vom Weltraum aus gesehen, mögen die runden, ovalen oder viereckigen Lehmhäuser tatsächlich so wirken. Wenn man sie aber betritt, erscheint die Anlage geradezu genial: Sie haben drei bis fünf Stockwerke und sind in »Maisonetten« unterteilt. Die Küchen sind im Erdgeschoss, die Wohnräume im ersten Stock und die Schlafkammern weiter oben. In jedem dieser Wohnkomplexe

57 Eine Touristin hat sich auf die Klippen der Insel Hainan gewagt, dem südlichsten Punkt Chinas und – nach Ansicht der chinesischen Kaiser – »Rand der zivilisierten Welt«.

故宫博物院

leben bis zu 20 Familien und damit ungefähr 100 Menschen. Die Häuser, die ich fotografierte, waren nicht älter als 50 Jahre, doch die Hakka leben seit Jahrhunderten in Gebäuden dieser Art und begannen bald nach Zheng Hes letzter Reise, sich außerhalb Chinas anzusiedeln.

Unsere letzte Etappe war Peking, denn dort begann das letzte Kapitel der Geschichte der Schatzflotte. Peking war auch die Stadt, in der Zhu Di mit Zhengs Hes Hilfe nicht nur einen wirtschaftlichen Aufschwung in Gang setzte, der in Chinas weiterer Geschichte niemals übertroffen werden sollte, sondern auch, ohne es zu wissen, den Keim für seinen eigenen Untergang legte. Sinnbildhaft für Zhu Dis monumentale Vision sind die drei Megaprojekte der Ming-Periode: die Verbotene Stadt, der Große Kanal und die Große Mauer. Mein Problem beim Fotografieren dieser berühmten Bauwerke war, dass sie schon so oft und praktisch von jedem aufgenommen worden sind, der jemals China besuchte. Ich setzte mir das Ziel, eine neue Art der Aufnahme, einen neuen Blickwinkel oder eine neue Beleuchtung zu finden, damit sich meine Fotos von denen aller anderen unterscheiden. In den Kursen, die ich gebe, halte ich die Teilnehmer an, beim Fotografieren stets an das allerkritischste Publikum zu denken. In Peking bedeutete das für mich, dass meine Bilder sogar chinesische Fotografen beeindrucken sollten, die wahrscheinlich davon ausgingen, dass alle Möglichkeiten, die Verbotene Stadt zu fotografieren, bereits ausgeschöpft waren.

Ich reihte mich vor dem Südtor der Verbotenen Stadt in eine lange Schlange chinesischer Besucher aus der Provinz ein und wurde mit ihnen zusammen in den ersten Hof getrieben, dessen gesamte Westseite mit Gerüsten verstellt war, sodass mir das Fotografieren zunächst sinnlos erschien. Ebenso wie ganz Peking wird auch der Palast für die Olympischen Spiele 2008 auf Hochglanz gebracht. Doch dann hatte ich eine Idee, und aus der Katastrophe wurde die einmalige Chance, die Verbotene Stadt endlich einmal nicht aus dem üblichen Blickwinkel zu fotografieren. Nachdem ich die Erlaubnis erhalten hatte, über das Gerüst aufs Dach zu klettern, machte ich eine Aufnahme aus der Vogelperspektive, die nur deshalb möglich wurde, weil Arbeiter auf dem Dach gerade die orangegelben Ziegel reinigten.

Als ich später im gleichen Jahr nach Peking zurückkehrte, um eine Ausstellung meiner Marco-Polo-Fotos zu eröffnen, hatte ich abermals Glück. Ich kam am frühen Abend aus New York an, bezog mein Hotelzimmer und schlief nach 18 Stunden Flug prompt ein. Dank des Jetlags war ich um vier Uhr morgens wieder wach und sah, dass es draußen dicke Flocken schneite. Ich machte mich sofort an die Arbeit, packte beide Kameras aus, füllte meine Taschen mit Filmrollen und ließ mir ein Taxi rufen. Eine Stunde später kletterte ich bereits im ersten Schneematsch den Kohlenberg hinauf. Von seinem Gipfel aus, dem höchsten Punkt Pekings, konnte ich das Nordtor fotografieren, das sich in den ersten Schnee des Jahres gehüllt hatte. Der graue Himmel verstärkte die düstere Stimmung des frühen Morgenlichts und machte mein Foto so zu einem bedeutungsschwangeren Sinnbild für den Tod Zhu Dis.

58 Die Verbotene Stadt im Herzen Pekings.

Auch wenn die Verbotene Stadt viele Besucher anlockt, Chinas beeindruckendste Sehenswürdigkeit ist und bleibt die Große Mauer, das größte Bauwerk der Welt, das darüber hinaus für einen Fotografen eine große Herausforderung darstellt. Ich wusste genau, wie schwer es ist, das Gefühl, das sie dem Betrachter vermittelt, auf ein Bild zu bannen, war ich doch einer der wenigen Fotografen, der ihre gesamte Länge von 6400 Kilometern bereist hatte – im Rahmen der Recherchen für eine Reportage, an der ich 2002 für *National Geographic* gearbeitet hatte. Damals hatte ich erkannt, dass es eben jener von Zhu Di errichtete Abschnitt ist, der die Große Mauer so großartig wirken lässt. Anders als häufig angenommen, ist die Große Mauer nichts anderes als eine Aneinanderreihung vieler, miteinander nicht verbundener Abschnitte, die im Laufe von 2000 Jahren entstanden; die ersten wurden 200 v. Chr. unter der Qin-Dynastie errichtet, im Laufe der Jahrhunderte folgten weitere. Zhu Di aber übertraf alle seine Vorgänger, indem er seine Mauer höher, breiter und tiefer ausführen und sie mit Ziegel und Stein verkleiden ließ. Sein Abschnitt ist so lang, dass er von London bis nach Rom reichen würde.

Es ist alles andere als einfach, ein derart langes Bauwerk so aufzunehmen, dass das Foto den Betrachter anspricht. Doch als mein Assistent Jia und ich an einem heißen Julimorgen meinen Lieblingsabschnitt hinaufkletterten, das Jinshanling genannte Teilstück nördlich von Peking, war uns das Fotografenglück hold. Dieser verfallene und stark überwucherte Teil ist als die »wilde« Mauer bekannt und zieht deshalb nicht so viele Touristen und Souvenirverkäufer an. Er bietet einen klassischen Ausblick über die Mauer, die sich entlang der Gebirgskämme bergauf und bergab durch die Landschaft zieht. Von dieser Stelle konnte ich im Vordergrund ein Stück des Bauwerks so aufnehmen, dass im Hintergrund sein weiterer, schlängelnder Verlauf sichtbar wurde. Vorüberziehende Wolken sorgten für Abwechslung im Lichteinfall, und kurze Regengüsse bewirkten, dass die Sonnenstrahlen einzelne Abschnitte der Mauer beleuchteten.

Ich fotografierte zunächst aus der Hand, dann von einem Stativ aus, und als die Sonne verschwand, kehrten wir zu unserem einfachen Hotel zurück. An jenem Abend gab es einen Stromausfall, und wir nahmen unser Abendessen rasch im Kerzenschein ein und begaben uns dann auf unsere Zimmer.

Im Dunkeln sitzend, dachte ich über die Bedeutung der Mauer als Symbol für das heutige China nach und auch darüber, was sie im 15. Jahrhundert für jenes China bedeutet haben mochte, das Zhu Di und Zheng He versucht hatten aufzubauen. Die Mauer, eine Wehranlage, die dazu gedacht war, Ausländer draußen zu halten, trug dazu bei, dass China sich auf sich selbst konzentrierte. Kaiser Zhu Di hatte sich sowohl in wirtschaftlicher als auch in diplomatischer Hinsicht auf die Welt einlassen wollen, um dadurch Chinas Macht zu stärken und seine Einflusssphäre zu vergrößern. Zheng Hes Schatzflotte hatte ihm an entscheidender Stelle geholfen, dieses Ziel zu erreichen, doch nach Zhu Dis Tod, als die Schatzflotte nutzlos im Trockendock herumstand, kehrte sich das Land nach innen. Fast sechs Jahrhunderte sollte es dauern, bis China es, sowohl im übertragenen als auch im eigentlichen Sinne, wieder wagen würde, die von der Mauer gesetzte Grenze zu überwinden.

61 Den Jinshanling-Abschnitt der Großen Mauer ließ Ming-Kaiser Zhu Di zum Schutz gegen einfallende Mongolen bauen.

Yunnan
Die letzte Schlacht der Mongolen

62–63 Zheng He wurde in einem kleinen Fischerdorf wie diesem am Ufer des Sees Dianchi in Yunnan geboren, 30 Tagesmärsche vom Meer entfernt.

64–65 Aus dem Jungen, der inmitten der Reisterrassen von Yunnan aufwuchs, sollte später der bedeutendste chinesische Seefahrer werden.

Die Heimat von Zheng Hes Vorfahren

66–67 Reisbauern auf ihren Feldern bei Xiao, einem mongolischen Dorf, das Zheng Hes Heimatort Kunyang ähnelt. Obwohl er selbst nicht Mongole war, wurde Zheng He von Soldaten der Ming-Armee, die in Yunnan nach Überlebenden der mongolischen Yuan-Dynastie fahndeten, gefangen genommen und kastriert.

68–69 Ebenso wie Zheng He sind auch die Bewohner von Xiao Muslime. Hier führt ein Bauer seine Enten zum Wasser.

70–71 Zheng He wuchs in einfachen Verhältnissen auf, wohl ähnlich denen dieser Dorfbewohner, die im Fluss Gemüse waschen. Nichts ließ auf seine spätere Berühmtheit schließen.

72 und 72–73 Neben Reis ist Tabak Yunnans wichtigstes Anbauprodukt. Die Blätter werden büschelweise zum Trocknen aufgehängt.

74–75 Nach mongolischer Tradition bleiben die Alten zu Hause, um sich um die Enkel zu kümmern.

76–77 Yunnan ist Chinas kulturell vielfältigste Provinz und Heimat von 25 ethnischen Gruppen. Zheng Hes Familie stammte aus Zentralasien. Sein ursprünglicher Name lautete Ma He; Ma stand für Mohammed.

Hangzhou Produktion von Exportwaren

78–79 Chinas wertvollste Teesorten kommen immer noch aus den kaiserlichen Teeplantagen in Hangzhou. Zheng He trug wesentlich zur weltweiten Verbreitung der Kultur des Teetrinkens bei.

80 und 80–81 Ein Seidenraupenzüchter bestreut die Raupen mit Kalk. Das Foto oben zeigt eine Frau beim Kochen der Seidenkokons. Erst nach dem Kochen kann man die Seidenfäden aufwickeln.

-83 Auch heute kommt die feinste Seide
Hangzhou. Seide war eine von Zheng Hes
ostbarsten Handelswaren; sie ist auch
heute noch sehr gefragt.

„Zu den Waren, die gehandelt wurden, zählten blau-weißes Porzellan, bedruckte Baumwollstoffe, bunte Seide, Rollen aus Gold, Silber, Messing und Eisen, Lacke, Quecksilber und Schirme.“

Fei Hsin

84–85 Frisch gefärbte Baumwolle wird auf traditionelle Weise zum Trocknen aufgehängt. Das Färben mit Indigo wurde in China in der Zeit der Han-Dynastie erfunden.

86–87 Heißes Wachs wird so auf den Baumwollstoff aufgebracht, dass Muster entstehen. Dann taucht man den Stoff ins Färbebad ein. Hier schabt ein Arbeiter das Wachs vom getrockneten Stoff ab.

Jingdezhen – die kaiserliche Ming-Töpferei

88 und 89 In den Töpfereien von Jingdezhen wird das berühmte weiß-blaue Porzellan immer noch von Hand hergestellt.

90–91 Eine riesige Vase wird geglättet. Da Porzellan damals nur in China produziert wurde, war es Zheng Hes wertvollstes Handelsgut.

92–93 Vor dem letzten Brennen werden die Porzellangegenstände von Hand bemalt.

Hangzhou Chinesische Pflanzenheilkunde

94–95 Kräuterheilmittel sind für die Chinesen seit jeher eine wichtige Handelsware. Auf Zheng Hes Schiffen fuhren Ärzte und Pharmakologen mit, um unterwegs Heilpflanzen zu besorgen.

Xiamen Zentrum der Aquakultur

96–97 Auf der Fahrt zum Südchinesischen Meer könnte Zheng He Fischernetze wie diese gesehen haben.

98–99 Chinesische Aquakulturen, wie hier in der Bucht von Maluan, wurden bereits im 13. Jahrhundert von Marco Polo beschrieben.

100–101 Über den Austernbänken von Xiamen spiegeln sich die letzten Strahlen der untergehenden Sonne.

102–103 Das Ernten der Austern ist anstrengend – und den Frauen vorbehalten.

INSEL MEIZHOU
HEIMAT VON
TIEN FEI,
SCHUTZGÖTTIN
DER SEELEUTE

104–105 Strand von Meizhou im Südchinesischen Meer. Kurz vor Sonnenaufgang tragen Fischer ihren Fang zum Markt.

106–107 Die Fische sind so klein, dass man beim Sortieren Essstäbchen zu Hilfe nimmt.

Hainan
Das Ende der Welt

108–109 In den Küstensiedlungen bei Guangdong, Zhejinag und Fujian rekrutierte Zheng He tausende von Männern, die die Schiffe der riesigen Schatzflotte bauen und segeln sollten.

110 und 110–111 Die auf Hainan lebenden Nachfahren von Zheng Hes Seeleuten sortieren den Fang vermutlich auf dieselbe Weise wie ihre Vorfahren vor 600 Jahren.

天

112–113 Da die Verwendung von Holz als Baumaterial für Fischerboote in China 2001 verboten wurde, sind dies die letzten hölzernen Dschunken von Hainan. Zheng Hes Schatzschiffe waren achtmal größer als dieses.

114–115 Chinas wichtigste Fischereiflotte operiert von Hainan aus. Zheng He befehligte eine Flotte von 300 Schiffen unterschiedlicher Größe, darunter Kolosse von 120 Meter Länge.

„In die Hauptstadt zurückgekehrt, besuchte er die Audienz und stellte im Drachenhof all die gesammelten Kostbarkeiten vor. Nur ein Blick der allwissenden Augen, und schon überstrahlte Freude das himmlische Gesicht. Alle Geschenke wurden verteilt, Beweise der Gunst des Himmels.“

Ma Huan

Verbotene Stadt
Zhu Dis neue Hauptstadt

116 und 116–117 Unter großem Aufwand verlagerte Zhu Di seine Hauptstadt von Nanking in das 1000 Kilometer nördlich gelegene Peking.

118–119 Im Frühjahr sind an dem Wassergraben, der die Verbotene Stadt umgibt, viele Angler anzutreffen.

adidas

120–121 Frühsport auf dem Kohlenberg, Pekings höchster Erhebung, unter der angeblich die Ruinen des Mongolenpalasts liegen.

Die Peking-Oper
Ein kultureller Exportschlager

123 Eine Darstellerin der Peking-Oper pudert vor dem Schminken ihr Gesicht.

124 und 125 Die Künstlerinnen und Künstler der Peking-Oper schminken sich selbst und brauchen dazu oft mehrere Stunden.

126 und 126–127 Zheng He könnte mit dazu beigetragen haben, dass sich Einflüsse der Peking-Oper bis nach Indien ausbreiteten und dort zur Entstehung des Kathakali-Theaters führten.

DER GROSSE KANAL
DIE LÄNGSTE VON MENSCHEN GESCHAFFENE WASSERSTRASSE

129 Zhu Di baute Chinas Kanalsystem aus, um die neue Hauptstadt Peking mit Nachschub aus dem Süden zu versorgen.

130 und 130–131 Am Großen Kanal liegende Städte wie Tongli und Xitang haben sich seit dem 15. Jahrhundert und der Zeit der Ming-Kaiser kaum verändert.

132–133 Der Große Kanal führt von hier bis nach Peking. Mit seiner Länge von 1600 Kilometern ist er die größte künstliche Wasserstraße der Welt.

昌 醬 園
商標
仁
創建于清光

134–135 Bei Sonnenaufgang kommen die Bewohner von Tongli zum Waschen und Wasserholen zum Kanal.

136–137 Der Große Kanal, hier bei Suzhou, ist auch heute noch so stark befahren wie zu Zheng Hes Zeiten, da China erneut einen gewaltigen Bauboom erlebt.

Die Grosse Mauer
Letztes Bollwerk gegen die Mongolen

139 Der auf Befehl des Ming-Kaisers Zhu Di in Jinshangling errichtete Abschnitt der Großen Mauer ist das größte zusammenhängende Bauwerk der Welt.

140–141 Trotz ihrer gewaltigen Ausmaße konnte die Große Mauer – hier bei Sonnenuntergang nahe Jingshanling – das Land nicht vor den Mongolen schützen.

142–143 Der unter den Ming-Kaisern entstandene Abschnitt war länger, massiver, breiter und besser befestigt als früher gebaute Teilstücke.

Innere Mongolei
Das Reich der Khane

144–145 Mongolische Hirten beim Zusammentreiben wild lebender Pferde. Aus Angst vor den Mongolen verzichteten die späteren Ming-Kaiser auf weitere Schiffsexpeditionen und konzentrierten sich auf die Verteidigung des Landes.

146 und 147 Kampf um Dominanz. Die kleinen Pferde der Mongolen sind
wegen ihrer Ausdauer und Widerstandsfähigkeit berühmt.

148–149 Dank ihrer schnellen Pferde war die mongolische Armee im 15. Jahrhundert außerordentlich erfolgreich. Nachdem Zhu Di auf seinem Feldzug gegen die Mongolen starb, sahen seine Nachfolger von weiteren Militärkampagnen ab.

150–151 In jeder mongolischen Jurte hängt mindestens ein Porträt von Dschingis Khan.

Die Hakka
Die chinesische Diaspora

152 und 152–153 Die Hakka, bekannteste Einwanderergruppe Südostasiens, begannen ihre Emigration bald nach Zheng Hes letzter Reise. Auch heute noch leben sie in ihren charakteristischen Gemeinschaftshäusern.

154–155 Zheng Hes vielleicht größtes Vermächtnis ist die chinesische Diaspora, denn er machte die Auswanderung chinesischer Siedler möglich, die auch nach der Abkehr Chinas vom Seehandel weiterging.

福福星照
有余
五年

156–157 Eine junge Frau beim Flechten einer Schilfmatte. In einer Hakka-Siedlung leben bis zu 100 Menschen.

DER NORDOSTMONSUN

SÜD-
CHINESISCHES
MEER

NANYANG:
DER SÜDLICHE OZEAN

SÜDCHINESISCHES MEER

NACHDEM SIE CHINESISCHE GEWÄSSER VERLASSEN HATTE, NAHM DIE SCHATZFLOTTE KURS AUF VIETNAM. ICH KENNE DAS LAND SEHR GUT, WEIL ICH UNTER DEN ERSTEN WESTLICHEN JOURNALISTEN WAR, DIE 1989 NACH JAHRZEHNTELANGEM KRIEG INS LAND GELASSEN WORDEN WAREN.

Damals hatte ich im Rahmen einer *National-Geographic*-Reportage ausgiebig im Mekongdelta fotografiert. Seither kehrte ich viele Male zurück. Unter anderem habe ich dort für mein Buch *Mekong: Mother of the Waters* im Rahmen einer *National-Geographic*-Story über das Südchinesische Meer und für das Buchprojekt *Day in the Life* gearbeitet. Meine wichtigste Vietnamreise unternahm ich jedoch 1996, um meine Adoptivtochter Maggie Nhung abzuholen, die vor Kurzem ihren zehnten Geburtstag feierte.

Zheng He war nach Vietnam gekommen, um dort Edelhölzer, Rhinozeroshörner, Elfenbein, exotische Früchte und Betelnüsse einzutauschen. Ich kam, um nach Ansichten zu fahnden, die Zheng He vor 600 Jahren gesehen haben könnte. Zum Glück sind sie in Vietnam nicht schwer zu finden. Während sich das Leben in den Städten des Landes mit atemberaubender Geschwindigkeit ändert, bewahrte es an der langen Küste seinen ganz eigenen Rhythmus. Hier werden die Boote immer noch zu beiden Seiten des Bugs mit großen Augen bemalt, wie sie auch Zheng Hes Schiffe schmückten. Immer noch holen die Fischer ihre Netze von Hand ein, und immer noch setzen Frauen mit kegelförmigen Hüten mit großer Präzision einen Reissetzling neben den anderen in das überflutete Feld. Und immer noch bewachen die entlang der Halong Bay aufgereihten Kalksteininseln Vietnams Küste und sind zu jeder Jahreszeit herrlich fotogen.

Von Vietnam aus war die große Flotte nach Thailand weitergesegelt, das Zheng He unter dem Namen Siam kannte. Offensichtlich beeindruckte Thailand den Schiffschronisten Ma Huan sehr, denn er schrieb einen begeisterten Bericht darüber, wie sehr die Thailänderinnen das intime Zusammensein mit den chinesischen Seeleuten schätzten: »Wenn eine verheiratete Frau und einer unserer Männer aus dem Reich der Mitte sich nahe gekommen sind, werden Wein und Speisen herbeigebracht, und sie trinken, essen und schlafen miteinander. Der Ehemann verhält sich verhältnismäßig ruhig und nimmt keinen Anstoß daran.«

Dennoch scheinen auch die Thai ihre Sexualität voll ausgelebt zu haben; Ma Huan berichtet: »Sie fertigen aus Gold hohle Perlen, in die sie ein Sandkorn hineintun, und schieben sie unter die Vorhaut. Wenn die Männer gehen, erzeugt das ein klingendes Geräusch, das als sehr schön gilt. Dies ist eine äußerst ungewöhnliche Sache.«

eil die Schatzflotte mit dem Nordmonsun nach Süden segelte, war Vietnam stets Zheng Hes erste Station. Hier eine Ansicht des Hafens von Nha Trang.

Ich überlegte lange, wie ich diese beiden kulturellen Besonderheiten illustrieren sollte, entschied mich dann aber doch dafür, stattdessen lieber Ayutthaya zu fotografieren, das damals, als Zheng He 1407 das Land bereiste, Siams Hauptstadt war. In dem aus dem 14. Jahrhundert stammenden Tempel Wat Phanam Choeng wird der chinesische Admiral als Sam Po Kung, Gott des Wohlstands, verehrt. Unter diesem Namen, der übersetzt »Drei Edelsteine« bedeutet, ist er nicht nur hier, sondern in ganz Südostasien bekannt.

Dargestellt wird er durch einen 21 Meter hohen, sitzenden goldenen Buddha, dem größten seiner Art in ganz Thailand. Die Gläubigen werfen lange, safrangelbe Seidenbahnen über die Statue und bedecken ihren Kopf mit einem Ende, während in einem der Seitengemächer hunderte Mönche Gebete rezitieren. Der gepflegten Anlage und der Pracht des Tempelkomplexes nach zu urteilen, muss Zheng He viele Gebete um Wohlstand erhört haben.

Bevor ich mit meiner Arbeit in Indonesien begann, unternahm ich einen Abstecher zur Insel Borneo und dort zu dem kleinen Sultanat Brunei, dem reichsten Land der Welt. Es ist nicht gesichert, dass Zheng He dieses Land persönlich besuchte; allerdings ist der Sultan von Brunei Held einer Geschichte, die in den Annalen der Ming-Dynastie festgehalten wurde. 1408 besuchte Sultan Manarejiananai zusammen mit einer großen Delegation von Verwandten und Beamten Nanking, um Kaiser Zhu Di seinen Tribut zu leisten. Dann erkrankte er plötzlich und bat auf seinem Totenbett darum, in China bestattet zu werden. Das Grab des Sultans ist bis auf den heutigen Tag ein Symbol der Freundschaft zwischen Brunei und China geblieben.

Mir war das Rechtfertigung genug, um Bruneis Hauptstadt Bandar Seri Begawan zu besuchen, eine Stadt mit Moscheen, die Muslimen und Nichtmuslimen offen stehen und mit goldenen Kuppeln geschmückt sind, mit prachtvollen Palästen und dem berühmten, auf Pfählen erbauten Dorf Kampong Ayer, in dem die meisten von Bruneis 80 000 wohlhabenden Einwohnern leben. Kampong Ayer faszinierte mich am stärksten. Es ist ein Labyrinth aus Wohnhäusern, Geschäften, Schulen und Moscheen, alle auf Stelzen erbaut und durch Holzstege miteinander verbunden, die bei Flut nicht einmal einen Meter hoch aus dem Wasser des Flusses Sungai Brunei ragen, an dessen Ufer das Dorf liegt. Äußerlich sieht das jahrhundertealte Dorf möglicherweise immer noch so aus wie damals, als Zheng He auf seinen Expeditionen mit dem Sultanat Brunei Handel betrieb. In jedem Fall bildet es einen starken Kontrast zur modernen Hauptstadt auf der anderen Seite des Flusses. Doch Äußerlichkeiten können täuschen, besonders in Brunei, das sich dank seiner gewaltigen Ölreserven des höchsten Pro-Kopf-Einkommens der Welt erfreut, das von seinen Bürgern

163 Am Wat Si Chom in Sukhotai, Thailand: In seinen Reisechroniken erwähnt Ma Huan die Verehrung Buddhas durch die Thai und die große Anzahl der Tempel und Klöster in ihrem Land.

164 In den Zinnminen von Bangka in Indonesien sammeln Arbeiter das ausgespülte Metall ein. Die Mehrheit der Bewohner dieser Region ist chinesischer Abstammung. Zinn Indonesien und Malaysia war schon zu Zeiten der Schatzflotte eine wichtige Handelswa

keine Steuern fordert und ihnen kostenlose medizinische Versorgung gewährt.

Hinter den lädierten Fassaden der Häuser von Kampong Ayer verbergen sich großzügig gestaltete Wohnräume mit funktionierender Stromversorgung, modernen sanitären Anlagen, Plasma-Fernsehgeräten und den neuesten Stereo- und Karaoke-Anlagen. Ganze Flotten hochmoderner Motorboote flitzen ununterbrochen durch die Kanäle, um Kinder zur Schule, Hausfrauen zu den Lebensmittelläden und Pendler zu ihren Büros auf dem Festland zu bringen. Zwei ganze Tage lang wanderte ich in dem Dorf umher, verzaubert von seinem ultramodernen und gleichzeitig doch traditionellen Lebensstil.

Nach dem Zwischenstopp in Brunei kam Indonesien an die Reihe. Die schwimmenden Häuser von Palembang, der Hafenstadt, in der Zheng He eine große chinesische Einwanderergemeinschaft vorgefunden hatte, wirkten wesentlich kleiner und weniger wohlhabend als ihre Pendants in Brunei. Früher standen diese Häuser auf Flößen; inzwischen hat man sie auf Stelzen montiert, aber ihre chinesischen Bewohner zogen landeinwärts und überließen das alte »Chinesenviertel« weniger begüterten Indonesiern und Arabern. Der Mangel an interessanten Motiven trieb mich bald weiter auf die Insel Bangka, wo Zinn offenbar immer noch auf die gleiche Weise gefördert wird, wie damals im 15. Jahrhundert, als Zheng He nach Bangka gekommen war, um das Metall einzutauschen. Nahezu vollkommen nackte Männer (die fast alle, wie ich erfuhr, von chinesischen Hakka abstammen) standen unter Öffnungen, aus denen Wasser und kostbare Erzbrocken in Tröge herabstürzten, und sammelten die schweren Zinnpartikel vom Boden auf, die sich im Wasser vom dunklen Lehm lösten. Das Geschäft mit dem Zinn boomte, denn die Preise hatten ihren höchsten Stand seit 20 Jahren erreicht. Dies war, wie ich erfuhr, darauf zurückzuführen, dass überall auf der Welt Krieg herrschte und die Nachfrage nach Kugeln groß war.

Auch das Geschäft mit Schwefel sei derzeit sehr lohnend, erzählte man mir in Ostjava, wo möglicherweise die letzte Schwefelmine der Welt betrieben wird, die vollkommen ohne Maschinen auskommt. Seit Jahren hatte ich immer wieder versucht, diese Mine im Krater eines aktiven Vulkans zu fotografieren, und nun erhielt ich endlich Gelegenheit dazu. Sie war nicht gerade leicht zu erreichen. Ich stieg in Surabaya ins Auto und erreichte nach achtstündiger Fahrt eine Kaffeeplantage, in der ich die Nacht verbrachte, beziehungsweise die Stunden bis zum Wecken um zwei Uhr morgens. Eine weitere einstündige Autofahrt brachte mich zum Fuße des Vulkans Ijen. Von dort aus wanderte ich anderthalb Stunden bis zum Krater und eine weitere Stunde im Krater hinunter zu der Mine, die neben einem brodelnden, blubbernden See liegt – und dies alles noch vor Sonnenaufgang.

Das Anstrengendste dabei war weder die frühe Stunde noch die Wanderung, sondern die giftigen Schwefelgase, die aus den Löchern aufstiegen, durch die der flüssige Schwefel an die Oberfläche quillt. Ständig wirbelte mir der Wind ganze Wolken davon entgegen, sodass ich kaum atmen und noch weniger sehen konnte. Der Rauch brannte mir in den Augen, die Kehle fühlte sich taub an, und ich konnte nicht einmal mehr sprechen. Dann plötzlich blies der Wind die Gaswolken fort und enthüllte mein Motiv.

Ich holte sofort die Kamera heraus und versuchte, das, was da vor mir geschah, auf Film zu bannen – und das in größter Eile, denn ich fürchtete, die scharfen Gase würden das Innenleben meiner Kamera buchstäblich auffressen. Natürlich fragte ich mich auch, was diese Gase in meinem Innenleben anrichteten, ganz zu schweigen von dem Innenleben der ungefähr 100 Arbeiter, die dreimal am Tag und 200 Tage im Jahr bis zu 90 Kilogramm schwere Schwefellasten von der Sohle zum oberen Rand des Kraters schleppten.

Fotografen sind es gewohnt, um eines fantastischen Fotos willen kalkulierte Risiken auf sich zu nehmen, und ich wollte meine Ausrüstung nicht wegpacken, bevor ich nicht irgendetwas Besonderes aufgenommen hatte. Irgendwann dachte ich gar nicht mehr an die ätzenden Gase, so beschäftigt war ich damit, einen Film nach dem anderen mit Fotos der Minenarbeiter voll zu knipsen, die inmitten dicker weißer Rauchschwaden den hellgelben Schwefel schaufelten. Wenn der Rauch in meine Richtung wehte, stopfte ich mir mein Halstuch in den Mund, wie ich es bei den Arbeitern gesehen hatte, kniff die Augen zu und drehte den Kopf in die andere Richtung.

Der Glücksrausch, den ich dank der geglückten Aufnahmen empfand, war von kurzer Dauer. Noch am selben Abend machten wir uns nach Bali, der nächsten Etappe, auf. Nach einstündiger Autofahrt und dem Übersetzen mit der Fähre erreichten meine Filmcrew und ich die Straße, die nach Denpasar führt, der Hauptstadt Balis. Wir schossen mit knapp 100 Stundenkilometern die zweispurige Landstraße entlang, als ein großer Lastwagen von seiner Fahrbahn abkam und mit dem ersten Bus unserer Kolonne kollidierte. Die in drei Reihen hintereinander sitzende Crew wurde nach vorne geschleudert. Boon Kit Ong, ein in Singapur lebender Schriftsteller, der für eine Blog-Site über unsere Reise berichtete, wurde schwer verletzt. Der Rest von uns kam wie durch ein Wunder fast unversehrt davon, doch Boon Kit hatte sich an mehreren Stellen den Schädel gebrochen und musste monatelang eine Operation nach der anderen über sich ergehen lassen. Wir beten dafür, dass er wieder ganz gesund wird.

Ob zu Land oder zu Wasser – Reisen ist immer gefährlich, und über riskante Situationen hat man oft keine Kontrolle. Es bleibt einem dann nichts anderes mehr übrig, als auf sein Glück zu vertrauen. Ich hatte bisher tatsächlich stets großes Glück. Oft arbeitete ich in Gebieten, die kurz darauf von Erdbeben, Kriegen oder Tsunamis zerstört wurden. Obwohl ich natürlich dankbar dafür bin, dass mir nichts passiert ist, erfüllt es mich mit Trauer, wenn ich erfahren muss, dass ein Ort, an dem ich fotografiert habe, zerstört wurde. Nur wenige Wochen nach meiner Heimkehr suchte ein Tsunami Aceh in Indonesien sowie die Küsten Sri Lankas, Indiens und Kenias heim. Obwohl ich nicht in den betroffenen Regionen gewesen war, litt ich doch mit den Helfern und Freunden mit, die ich in diesen Ländern kennen gelernt hatte.

167 Schwefel, ein weiterer wichtiger Bodenschatz Indonesiens, wird im Krater des aktiven Vulkans Ijen auf Ostjava abgebaut.

PRABOWO SUBIANTO

„Die meisten Menschen ernähren sich vom Fischfang.“

Ma Huan

Vietnam
Der erste Landgang der Schatzflotte

168–169 Runde Bambusboote wie diese gab es in Nha Trang bereits vor 600 Jahren, als Zheng He den Hafen anlief.

170–171 Die Fischereiflotte von Nha Trang.

172–173 Südlich der Halong Bay gehen den Fischern auch heute noch große Fänge ins Netz.

174–175 Die Anwohner der Cam Ranh Bay in Vietnam genießen das Privileg, aus Meerwasser Salz gewinnen zu dürfen.

Mekongdelta Der grösste schwimmende Markt der Welt

176–177 und 178–179 Phung Hiep, wo fünf Kanäle zusammenfließen, ist ein Treffpunkt schwimmender Händler.

180–181 Vertrauensvoll schaut der kleine Knirps zu seinem Vater auf: Er wird das Boot sicher durch den schwimmenden Markt von Phung Hiep lenken.

181 Erfahrene Sampan-Lenker setzen Hände und Füße ein.

182–183 In den Schulen im Mekongdelta hat der Lehrer alles unter Kontrolle.

184–185 Im feuchtheißen Delta ist das ganze Jahr über Anbausaison.

Hỏi cả 2 ban co
Lời giải
Học vần

„Was die vier Jahreszeiten betrifft, so sehen sie die Zeit, in der die Blüten sich öffnen, als Frühling, und diejenige, in der das Laub fällt, als Herbst an.“

Ma Huan

186–187 Diese Gärtner bauen im Aquakulturverfahren Studentenblumen an – ähnlich wie Zheng Hes Matrosen auf den Schiffen ihr Gemüse.

188–189 Kurz vor dem Tet-Neujahr herrscht auf dem Markt von Cantho rege Nachfrage nach Blumen.

191 Am Neujahrstag kehren ein junger Mönch und ein Kind vom Markt von Cantho nach Hause zurück.

192–193 Ähnlich geschäftig und lebhaft kann man sich wohl auch das Hanoi des 15. Jahrhunderts vorstellen.

194–195 Das Mekongdelta ist Vietnams Reisschüssel.

196–197 Reis verlangt ständige Pflege. Wie hier in Vietnam müssen die Felder regelmäßig von Unkraut befreit werden.

BÁC HỒ VỚI THẾ HỆ T

„Die Felder sind fruchtbar und liefern zwei Ernten im Jahr.“

Fei Hsin

198–199 Bewässert wird korbweise und von Hand.

200–201 Wasserbüffel-Surfen im Mekongdelta.

202–203 Diese Schwindel erregenden Konstruktionen werden wohl nicht zu Unrecht »Affenbrücken« genannt.

Angkor
Die vergessene Stadt

204 und 205 Schaurig-schöne Ruinen, wie diese bei Angkor Thom, sind alles, was vom großen Reich der Khmer übrig blieb.

„ Die Hauptstadt ist von einer über siebzig Li langen Mauer umgeben, einem Fluss aus Stein, der mehr als zwanzig Chang breit ist. Innerhalb der Mauer stehen mehr als dreißig Tempel. “

Fei Hsin

206–207 Das Khmer-Königreich erlebte seine Blüte zwischen dem 9. und 13. Jahrhundert. Weniger als 100 Jahre, nachdem Zheng He seine Hauptstadt Angkor besucht hatte, wurde sie aufgegeben und dem Verfall preisgegeben.

207 Die Apsara, mythologische Gespielinnen der Hindugötter, sind ein immer wiederkehrendes Motiv der Tempelreliefs von Angkor Wat.

208–209 Wer müde ist,
schläft überall – wie dieses bei
Siem Riep fotografierte Kind in
einem Fischernetz.

210–211 Schwimmende Fischzuchten
liegen am Ufer des großen Sees
Tonle Sap bei Siem Riep vertäut.

212–213 Pfahlhäuser am Ufer
des Tonle Sap in Kampong Chang.
Zheng Hes Chronist Fei Hsin
bezeichnete Kampong Chnang
als das südliche Tor der
Hauptstadt Angkor.

214–215 Die Khong-Fälle des Mekong an der Grenze zwischen Kambodscha und Laos hinderten frühe Forschungsreisende daran, auf dem Landweg nach China zu gelangen.

Thailand
Land der Tempel

217 Die Ruinen von Ayutthaya, zu denen auch diese Überreste des Tempels Wat Phra Mahathat zählen, lassen ahnen, wie prächtig die damalige Hauptstadt Siams (Thailands) war, als Zheng He sie besuchte.

„Der König reitet auf einem Elefanten; ein Schirm aus Chiao-Chang-Blättern mit goldenem Griff schützt ihn vor der Sonne.“

Ma Huan

218–219 Einst waren sie den Königen vorbehalten, heute transportieren die Elefanten Touristen.

220–221 Der liegende Buddha des Wat Lokaya Sutha in Ayutthaya wird alljährlich an Buddhas Geburtstag mit neuen safranfarbenen Stoffbahnen bedeckt.

222–223 Mönche des Wat Phanan Choeng widmen ihre Gebete San Bao, dem Gott des Wohlstands, wie Zheng He hier genannt wird. In Indonesien kennt man ihn auch unter dem Namen San Po (»Drei Juwelen«), in weiten Teilen Südostasiens als Cheng Ho.

„In diesem Land werden außerordentlich viele Menschen Mönche oder Nonnen.“

Ma Huan

225 Um die 19 Meter hohe Statue des San-Bao-Buddha in Ayutthaya zu ehren, bedecken die Gläubigen ihre Schultern mit Stoffbahnen und bedecken mit deren Enden den Kopf.

Brunei Darussalam
Heimat des Friedens

226–227 Die Chinareise des Sultans von Brunei auf einem von Zheng Hes Schiffen festigte die freundschaftliche Beziehung zwischen den beiden Ländern, obwohl der Sultan in China an einer Krankheit starb.

228–229 Wassertaxis flitzen über die Kanäle von Kampong Ayer, dem Pfahlbautenlabyrinth am Ufer des Flusses Brunei.

Kampong Ayer Bruneis Stadt auf Pfählen

230–231 und 232–233
Kampong Ayer setzt sich aus
28 Vierteln zusammen, in denen
30 000 Menschen leben.

234–235 Hochzeit in Brunei: Die Braut begrüßt ihre Gäste und wartet auf die Ankunft des Bräutigams.

Skolah Ugama Puni
Religionsunterricht in der Grundschule

236–237 Zeigt her eure Hände: Fingernägelkontrolle in einer Schule in Brunei.

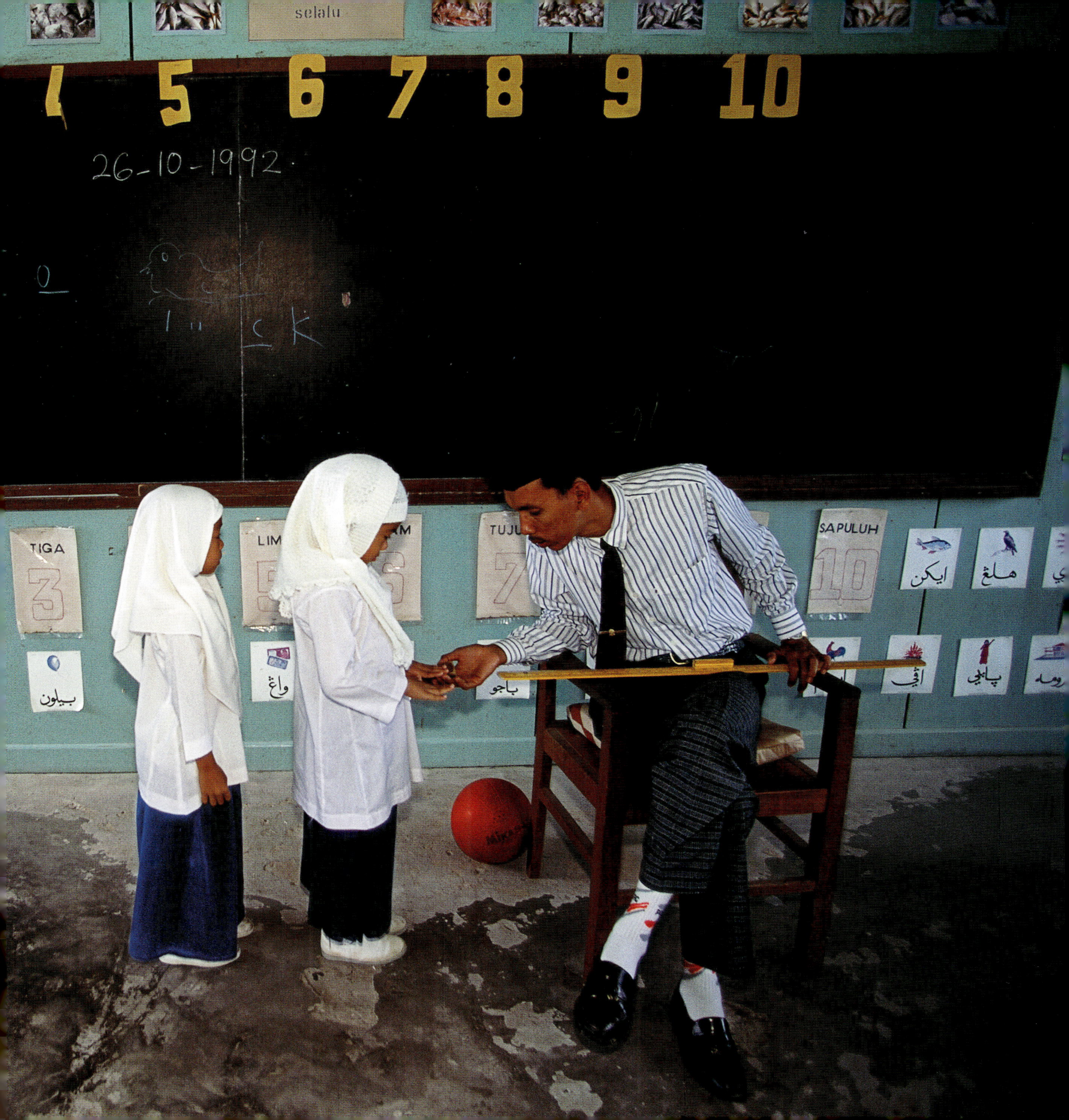
selalu
5 6 7 8 9 10
26-10-1992
TIGA
3
SAPULUH
10

238–239 und 239 Selbst die eifrigsten Schüler müssen hin und wieder eine Pause einlegen.

In the meanwhile,
the ducklings were
slowly growing
bigger and bigger.
One day, Wild Duck
said that the
ducklings were big
enough to look after
themselves and
insisted on going
with Fox to look for
food.
THE FOOLISH LEADER

240–241 Wenn es sehr heiß ist, findet der Unterricht auch mal im Freien statt.

Die Grosse Moschee Omar Ali Saifuddien

242–243 Die goldene Kuppel der Moschee überragt das Labyrinth der Pfahlbauten am Rande von Bruneis Hauptstadt Bandar Seri Begawan.

244–245 Vor dem Freitagsgebet in der Saifuddien-Moschee in Bandar Seri Begawan werden Matten ausgerollt.

246–247 Ebenso wie seinerzeit Zheng He lernen auch heute die Kinder früh die Grundlagen des Islam kennen.

248 und 249 In der Saifuddien-Moschee beten die in ihre traditionellen weißen *tudongs* gehüllten Frauen getrennt von den Männern.

250–251 Die Moschee im
Licht des Tages. Der musl
erzogene Zheng He muss
diesem Vorposten des I
wohl gefühlt haben

„Ungekämmt und barfuß gehen sie einher und sprechen eine barbarische Sprache. Sie tragen weder Kleider noch Hüte, kennen weder Bräuche noch Tugend.“

Ma Huan

Indonesien Wo die Passatwinde verebben

252–253 Kinder spielen an einem Strand auf Bali in den Wellen.

„Surabaya lautet der Name eines weiteren Dorfes. Auf seinem Markt werden die unterschiedlichsten Waren angeboten, darunter Gefäße und Reis. Auf einer Insel im Hafen leben mehrere hundert Affen.“

Fei Hsin

254–255 Dicht an dicht liegen die Bugis-Schoner im Hafen von Gresik vor Anker.

RAHMATSETIA

„Von ihren Gebräuchen her sind sie ziemlich ehrlich. Die unteren Klassen leben davon, Fische mit Netzen zu fangen.“

Fei Hsin

256–257 und 257 Fischfang mit Reusen vor der Küste von Sumatra.

Surabaya – die Salinen

258 und 258–259 Nur an sonnigen Tagen wird in den Salinen von Gresik das Salz geschöpft.

260–261 Ein Bugis-Schoner mit gehissten Segeln im Südchinesischen Meer. Indonesien unterhält die letzte große Segelflotte der Welt.

Surabaya
Die Cheng-Ho-Moschee

262–263 Eine Koranschule mit Ausblick auf ein Modell eines Schiffes der Schatzflotte und ein Wandgemälde mit einer Darstellung ihrer Abenteuer.

„ Mit gekreuzten Beinen am Boden sitzend, entrollt der Mann einen Teil des Bildes und erklärt diesen Teil mit lauter Stimme; und die Menge sitzt um ihn herum und hört ihm zu. Manchmal lachen sie, manchmal weinen sie, ganz als ob der Erzähler eine unserer beliebten Liebesgeschichten vortragen würde. "

Ma Huan

Jogyakarta Die Hauptstadt der Künste

264–265 Das »Wayang Beber« genannte Geschichtenerzählen ist eine traditionelle Kunstform Indonesiens.

„Männer wie Frauen nehmen Betelnüsse und Betelblätter und vermengen sie mit Muschelkalk. Ständig sind ihre Münder voll mit dieser Mischung.“

Ma Huan

266–267 Männer und Frauen jeden Alters sind begeisterte Betelkauer.

Palembang
Zufluchtsort
der Heimatlosen

268–269 Zheng He begegnete an den Ufern des Flusses Sungei Musi Chinesen und anderen Ausgewanderten. Auch für diese jemenitischen Araber wurde die Region zur Heimat.

„Die frisch Vermählten. Wenn sie das Haus des Bräutigams erreichen, schlagen sie Gongs und Trommeln, trinken Wein und spielen Musik. Nach einigen Tagen zerstreuen sie sich.“

Ma Huan

270

270–271 Hochzeitsfeiern können in Palembang mehrere Tage dauern.

Semerang
Der Admiral wird zum Gott

273 Dieser Festival-Teilnehmer stellt einen von San Pos oder Zheng Hes Soldaten dar. Er wird das Abbild des zum Gott erhöhten Admirals auf seinem Weg von einem Tempel zum anderen begleiten.

274–275 Am sechsten Tag des letzten Monats des Mondjahres verkleiden sich überall in Asien die Anhänger dieses Kults als Soldaten Zheng Hes und versammeln sich im San-Po-Tempel in Semarang.

276–277 Zheng Hes »Soldaten« sind ähnlich bunt und aufwändig geschminkt wie Darsteller der Peking-Oper.

278–279 Das Fest mit seinen lebhaften Löwen- und Drachentänzen dauert drei Tage.

義

280–281 Sowohl Buddhisten als auch Muslime besuchen den Tempel Tay Kak Sie in Semarang, in der Hoffnung, von Zheng He Hilfe zu erhalten.

樂盡是去果

282–283 Eine Darstellung Zheng Hes wird in einer kleinen Sänfte durch die Straßen von Semarang getragen. Dabei ahmen die Träger das Rollen und Stampfen eines Schiffes nach.

„Die Berge erzeugen Schwefel, der aus dem Inneren von Höhlen kommt. An diesen Bergen wachsen weder Bäume noch andere Pflanzen, und Erde und Felsen sind hier überall von leuchtend gelber Farbe.“

Ma Huan

Vulkan Ijen
Eine Flammenhölle

284–285 Der Kratersee des Vulkans Ijen auf Java.

286–287 Träger schleppen die bis zu 90 Kilogramm schweren Schwefellasten zum Kraterrand hinauf. Im Laufe ihres zehnstündigen Arbeitstages schaffen sie drei Aufstiege.

288–289 und 289 Im Krater kann es über 40 °C heiß werden. Die Arbeiter und Träger schützen ihre Gesichter mit Tüchern vor den schädlichen Dämpfen.

290–291 Aus in den Grund des Kraters eingelassenen Rohren rinnt geschmolzener Schwefel.

292–293 Der Schwefel tritt als zähflüssige rote Masse aus und wird beim Abkühlen gelb. An der Luft erhärtet er und kann dann in Blöcke geschnitten werden.

der Morgendämmerung schleppt
räger die gelben Brocken
um Rand des Kraters.

Bali
Das freundliche Land der religiösen Toleranz

296–297 Pura Besakih ist Balis bedeutendster Tempel. Hier wird jene religiöse Toleranz, von der Zheng He träumte, seit Jahrhunderten praktiziert.

DPRD TK-II
KARANGASEM

„Viele der Menschen hier lieben Glücksspiele, wie etwa Schildkrötenrennen und Hahnenkämpfe, und bei all diesen Spielen wetten sie um Geld."

Ma Huan

Balinesischer Hahnenkampf Ein Tempelsport

298–299 Die mit Wetten verbundenen Hahnenkämpfe, einst Indonesiens beliebtester Sport, sind inzwischen offiziell verboten, finden jedoch weiterhin im Rahmen von Tempelritualen statt.

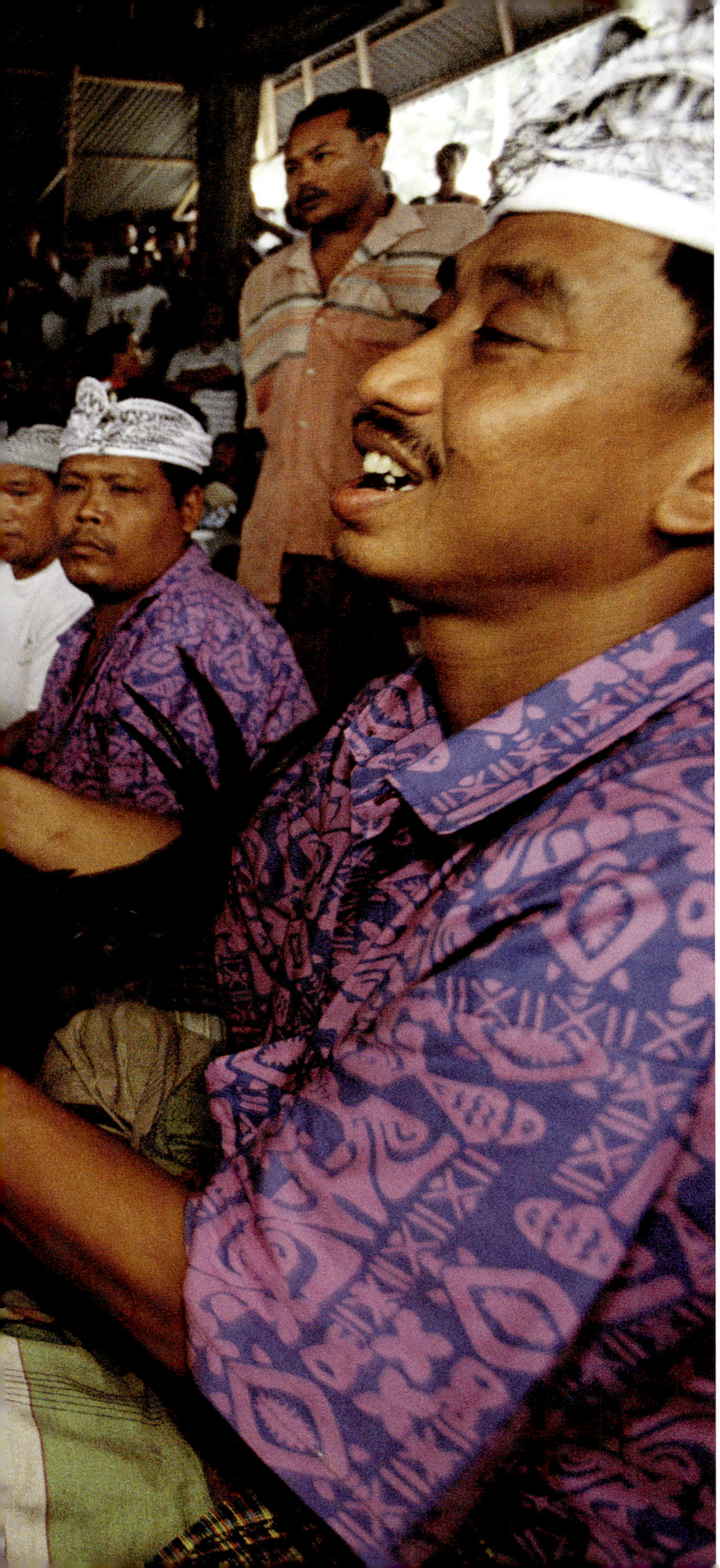

300–301 In Hochform: Kampfhähne kurz vor ihrem Einsatz.

DER SÜDOSTMONSUN

INDISCHER OZEAN

UNTERWEGS NACH KALKUTTA

INDISCHER OZEAN

Als wir nach Malaysia weiterreisten, standen wir noch ganz unter dem Eindruck des Unfalls und konnten eine Ablenkung gut gebrauchen.

Unser Ziel war Malakka, ein strategischer Punkt zwischen dem Indischen Ozean und dem Südchinesischen Meer, an dem Zheng He eine größere chinesische Kolonie gegründet hatte. Er hatte Lagerhäuser und Getreidespeicher bauen lassen, damit die Flotte, wann immer sie durch die Malakkastraße kam, ihre Schätze unterbringen und Vorräte an Bord nehmen konnte.

Unsere Erwartungen wurden nicht enttäuscht. Mein Besuch fiel mit Datuk Chachar zusammen, dem wichtigsten aller hinduistischen Feste, bei dem Gläubige den Göttern für die Erhörung ihrer Gebete danken, indem sie ihre Haut mit Nadeln und Haken durchstechen. All dies geschieht in Trance und angeblich schmerzlos; zumindest sieht man kein Blut fließen. Bei Sonnenaufgang kamen wir beim Sri Poyyatha Vinayagar Moorthi, dem ältesten Tempel, an. Die Gläubigen versammelten sich bereits und bereiteten sich auf die Prüfung vor. Dann erst fiel es mir auf. Das waren keine indischen, sondern chinesische Gesichter. Es waren Peranakan, an der Malakkastraße geborene Chinesen, Nachkommen der ersten chinesischen Einwanderer, von denen einige ihre Familiengeschichte bis in Zheng Hes Zeit zurückverfolgen können.

Damit hatte ich hier ein perfektes Zheng-He-Motiv vor mir – das gar nicht auf meiner Liste stand. Mithilfe dieses Festes vermochte ich eine wichtigen Aspekt seines Erbes zu illustrieren: die chinesische Diaspora und die Ausbreitung chinesischer Kultur in Südostasien. Überall, wo Zheng Hes Schiffe vor Anker gingen, folgten chinesische Siedler, und die Verschmelzung chinesischer und lokaler Kultur war hier, an der Malakkastraße, so perfekt, dass die Nachkommen der Übersee-Chinesen den Hinduismus übernahmen.

Ohrenbetäubendes Getrommel zeigte den Beginn der Zeremonie an. Aus dem Tempel quollen Weihrauchwolken. Männer in Trance starrten mit leerem Blick in die Ferne, während ihnen die Tempelältesten lange Nadeln durch das Fleisch trieben. Es floss kein Blut, aber es schien doch sehr schmerzhaft zu sein. Dann begann die Prozession, die über eine Strecke von knapp fünf Kilometern zu einem anderen Tempel führte. Einige Männer hatten sich Haken ins Fleisch gesteckt, an denen Seile befestigt waren, und zogen damit Wagen mit Götterbildnissen. Andere zogen Männer hinter sich her, die die Seile gespannt hielten und damit auch das Fleisch, in dem die Haken der Seile steckten. Und es gab Gläubige, die mit durchbohrten Wangen, Zungen und Lippen die Straße entlangwankten.

Von so viel Frömmigkeit hinreichend erbaut, reisten wir weiter nach Sri Lanka, das Marco Polo als die

305 Malakka, Chinas erste größere Überseekolonie, ist die Heimat der Peranakan, der an der Malakkastraße geborenen Chinesen.

»schönste Insel ihrer Größe auf der ganzen Welt« bezeichnet hatte. Interessanterweise beschrieb Ma Huan dieselben Dinge wie vor ihm Marco Polo. Als Erstes erwähnen beide Männer den 2240 Meter hohen Adam's Peak, den heiligen, wolkenverhangenen Berg, den ich schon auf meiner Marco-Polo-Odyssee bestiegen hatte.

Wohl aufgrund des großen Fußabdrucks auf seinem Gipfel ist der kegelförmige Berg seit tausend Jahren den Gläubigen von vier Religionen heilig. Für die Buddhisten stammt der Fußabdruck vom Erleuchteten, für die Hindus von Shiva, und sowohl Muslime als auch Christen sehen den Gipfel als den Ort an, an dem Adam erstmals die Erde betrat. Zheng He hatte hier eine Stele aufstellen lassen, auf der Inschriften in drei Sprachen – Tamil, Persisch und Chinesisch – die Religionen Hinduismus, Islam und Buddhismus priesen. Indem er alle drei Religionen anerkannte, betonte er ihre Gleichberechtigung und die Notwendigkeit, dass ihre Anhänger in Harmonie und Frieden zusammenlebten. Wenn man bedenkt, welche Ausmaße der religiöse Fanatismus zu dieser Zeit in anderen Teilen der Welt erreicht hatte, erscheint Zheng Hes Eintreten für Toleranz erstaunlich modern und weitsichtig.

Wie aber sollte ich dieses für meine Zheng-He-Story so wichtige Motiv ein zweites Mal ablichten? Damals hatte ich Pilger auf dem Weg zum Gipfel fotografiert. Dieses Mal entschied ich mich für eine spektakuläre, allerdings insofern riskante Luftaufnahme, als mir das Wetter einen Strich durch die Rechnung machen konnte. Es war Anfang Mai, und es gab kaum noch klare Tage. Wolken verhüllten die Landschaft und verhinderten, dass der Berg seinen berühmten dreieckigen Schatten warf, dessen Anblick für den Aufstieg belohnt.

Was war zu tun, um einen wolkenfreien Berg fotografieren zu können? Weil ich mich nicht allzu sehr auf mein Glück verlassen wollte, beschloss ich, den Berg am Tag vor dem der geplanten Aufnahme zu besteigen und oben eine »Wache« zurückzulassen, die mir über Mobiltelefon aktuelle Wetterberichte liefern konnte.

Mit meinen Assistenten Rukshan und Sebastian zog ich nachmittags los und erreichte den Gipfel bei Sonnenuntergang. Am nächsten Morgen zeigte sich die Sonne erst um acht und damit ganze anderthalb Stunden später, als ich erwartet hatte. Das ist kein gutes Zeichen, dachte ich beim Abstieg. Auf dem Gipfel hatten wir jemanden angetroffen, der ein Mobiltelefon besaß, und vereinbart, dass wir ihn am nächsten Morgen anrufen würden, damit er uns das Wetter beschrieb. Ich hatte in Colombo bereits einen Blackhawk-Helikopter der Luftwaffe Sri Lankas gebucht und alles für einen Abflug um sechs Uhr morgens des folgenden Tages vorbereitet. Die Besatzung war militärisch pünktlich und wartete zur vereinbarten Zeit bereits auf einem Fußballplatz der Armee auf uns.

Ich rief unseren Mann auf dem Berg an. »Wie sieht es da oben aus?«, brüllte ich ins Handy, um den Lärm des Helikopters zu übertönen. »Es ist besser als gestern«, war die Antwort. Mit erhobenem Daumen gab ich dem Piloten das Zeichen zum Abflug. Wenn der Gipfel von Wolken verdeckt sein sollte, wollten wir in der Stadt Rutnapura landen und dort warten, bis sie sich verzogen. Bei einer Chartergebühr von 2000 Dollar pro Stunde müsste – wenn schon nicht das Foto – doch zumindest ein Foto zustande kommen.

Doch wieder war mir das Glück hold, und knapp zehn Minuten nach unserem Abflug von Colombo hatte

307 Sri Lankas heiliger Berg Adam's Peak ragt über den Wolken empor.

308–309 Nach einem Tag auf See ziehen Fischer in Negombo, Sri Lanka, ihre Auslegerboote an Land.

„Es gibt dort einen großen Berg, der in die Wolken hineinragt. Auf seinem Gipfel ist ein einzelner Abdruck eines menschlichen Fußes, und es heißt, es sei der Fußabdruck eines heiligen Mannes namens A-tan, der Urahn der Menschheit."

Ma Huan

ich freien Blick auf den Berg. In den folgenden 20 Minuten beobachtete ich frierend durch die offen stehende Tür, wie der Berg näher und näher kam und das Licht immer besser wurde. Als wir uns dem Gipfel näherten und ich meine Kamera bereitmachte, umwirbelte ihn eine zarte weiße Wolke. Schnell knipste ich mit meinen vier motorbetriebenen Kameras eine 36er-Rolle nach der anderen voll, während der Hubschrauber um den Gipfel kreiste. Vorsichtshalber wiederholte ich die Prozedur sechs weitere Male bei unterschiedlicher Flughöhe, Entfernung und Objektiveinstellung. Das Ganze hatte kaum eine Stunde gedauert, und doch genossen wir auf dem Rückflug das befriedigende Gefühl, für diesen Tag genug geleistet zu haben.

Als ich meine Liste für Indien zusammenstellte, fielen mir immer wieder die zahlreichen Übereinstimmungen zwischen den Beschreibungen Marco Polos und Ma Huans auf. Beide erwähnen das Kastensystem

und ihre Achtung vor den Brahmanen, der höchsten Kaste. Gleichermaßen waren sie von den Sadhus beeindruckt, den religiösen Gelehrten, die Marco Polo Yogi und Ma Huan Cho-chi nannte. Beide schreiben über die Verehrung der Kühe und darüber, dass die Wände der Lehmhütten mit Kuhdung bestrichen werden. Und natürlich vergessen sie weder den Pfeffer noch die Kokosnuss; Ma Huan führt zehn Verwendungsmöglichkeiten für Palme und Frucht auf.

In den hundert Jahren, die zwischen ihrer beider Besuche in Indien lagen, schien sich wenig verändert zu haben. Deshalb war ich bei meiner Ankunft in Somatheeram in Kerala, wo sie beide gewesen waren, nicht wenig überrascht, nur fünf Jahre nach meinem letzten Aufenthalt feststellen zu müssen, dass hier alles anders geworden war. Bei meinem Besuch im Jahr 2000 hatte ich mich ins 13. Jahrhundert zurückversetzt gefühlt: Damals hatte ich dort nur Ruderboote gesehen, und die Fischer waren lediglich mit Lendentüchern bekleidet gewesen und hatten ihre Netze von Hand eingeholt.

Nun, im Jahre 2005, arbeiteten nur halb so viele Fischer an ihren Netzen, und ein Drittel der Boote verfügte über Außenbordmotore. Andererseits beklagten sich sämtliche Männer über die vor den Küsten kreuzenden chinesischen Fabrikschiffe, die das Meer leer fischten. Das Dorf war im Niedergang begriffen, und viele Fischer hofften, in den Touristenanlagen der Umgebung Arbeit zu finden. Natürlich waren die neuen Fotos nicht halb so gut wie die alten. Wir packten unsere Ausrüstung bald wieder zusammen und brachen nach Kochi auf, um dort nach alten Motiven zu suchen, die auf neue Weise aufgenommen werden konnten.

Was ich dort vorfand, war Kochis farbenprächtiges Tanztheater *kathakali*. Jemand von den Leuten, die für mich recherchiert hatten, meinte, dass die Peking-Oper diese Kunstform beeinflusst haben könnte, und tatsächlich erinnert das kunstvolle Make-up der Schauspieler an das ihrer chinesischen Kollegen. Auch erkannte ich die dramatischen Posen und übertriebenen Augenbewegungen wieder, die ich schon so oft bei Vorstellungen der Peking-Oper fotografiert hatte. Doch damit endete die Ähnlichkeit auch schon. Die schnellen Kampfszenen und akrobatischen Sprünge und Salti der Peking-Oper sind einzigartig. Die *Kathakali*-Tänzer mit ihren prachtvollen, aus bauschigen Röcken bestehenden Kostümen und dem bis zu vier Kilogramm schweren Kopfschmuck bewegen sich dagegen kaum.

Kalaripattyattu, die Mutter aller Kampfsportarten, kann als ein weiteres Beispiel für indisch-chinesischen Kulturaustausch dienen. Hier überwiegen nicht die Unterschiede, sondern die Gemeinsamkeiten. Indische Anhänger dieses Sports behaupten, dass ein buddhistischer Mönch ihn im 6. Jahrhundert in China bekannt gemacht hätte. Er sei mit Leibwächtern gereist, die *kalari* beherrschten und ihn auf der Seidenstraße vor Räubern schützen sollten. Im Tempel der Shaolin sei aus *kalari* Kung-Fu entwickelt worden. Ich kann mir denken, dass sich Zheng He sehr für diese Kunst der Selbstverteidigung interessiert haben dürfte und dass er ebenso wie wir einer Vorführung beigewohnt hat.

310 Die aufwändige Aufmachung der Darsteller des *Kathakali*-Theaters von Kerala könnte von der von Zheng He in Indien eingeführten Peking-Oper beeinflusst worden sein.

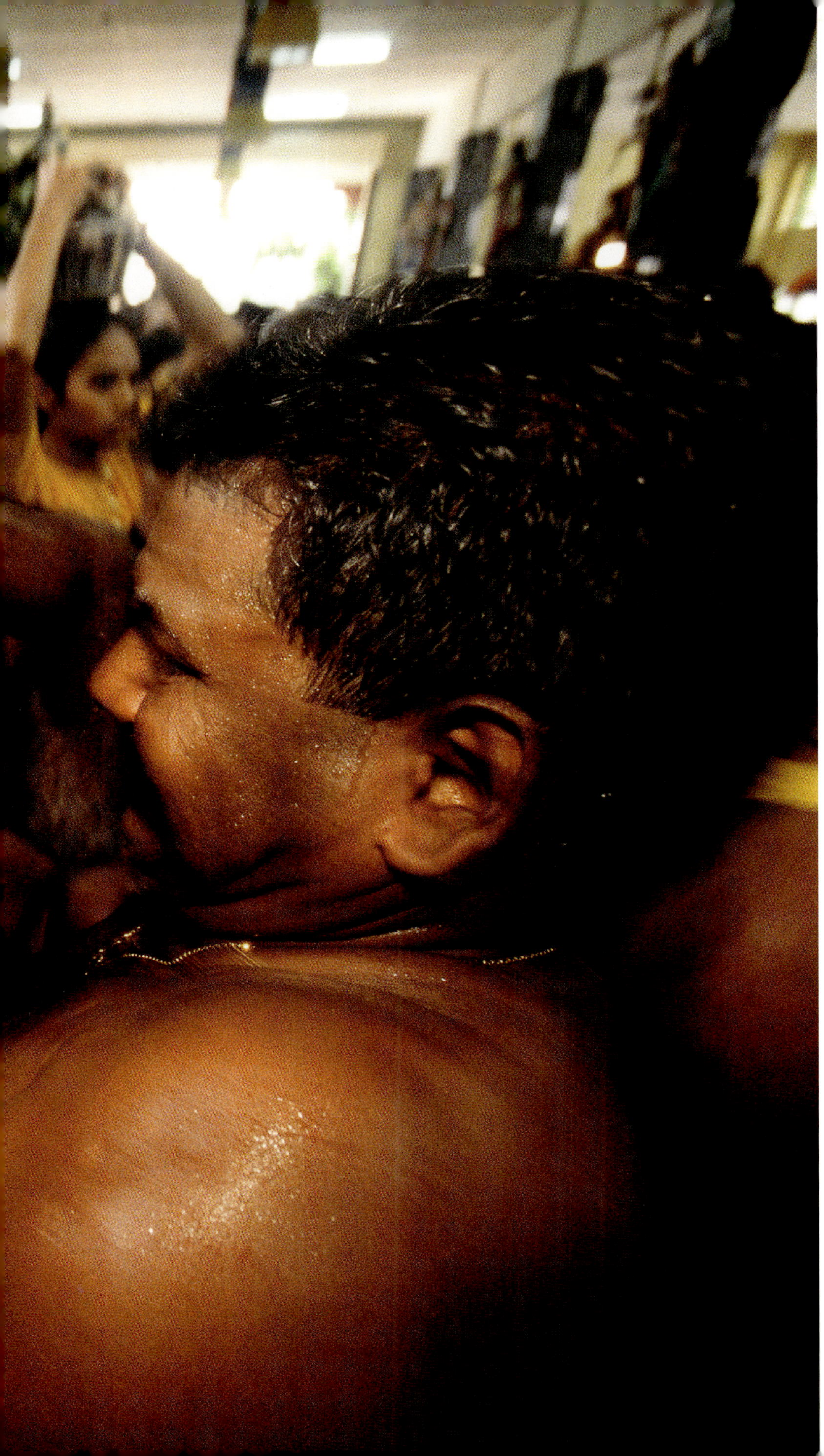

Malakka, Malaysia
Die erste chinesische Kolonie

312–313 Um den Göttern für erhörte Gebete zu danken, lassen sich Gläubige bei Malakkas bedeutendstem Hindufest Datuk Chachar Haken und Nadeln durch die Haut bohren.

314–315 Die meisten aktiven Teilnehmer am Fest sind Chinesen, Nachkommen jener Siedler, die mit Zheng Hes Flotte hier eintrafen. Die Peranakan, wie die an der Malakkastraße geborenen Chinesen genannt werden, übernahmen zahlreiche lokale Bräuche.

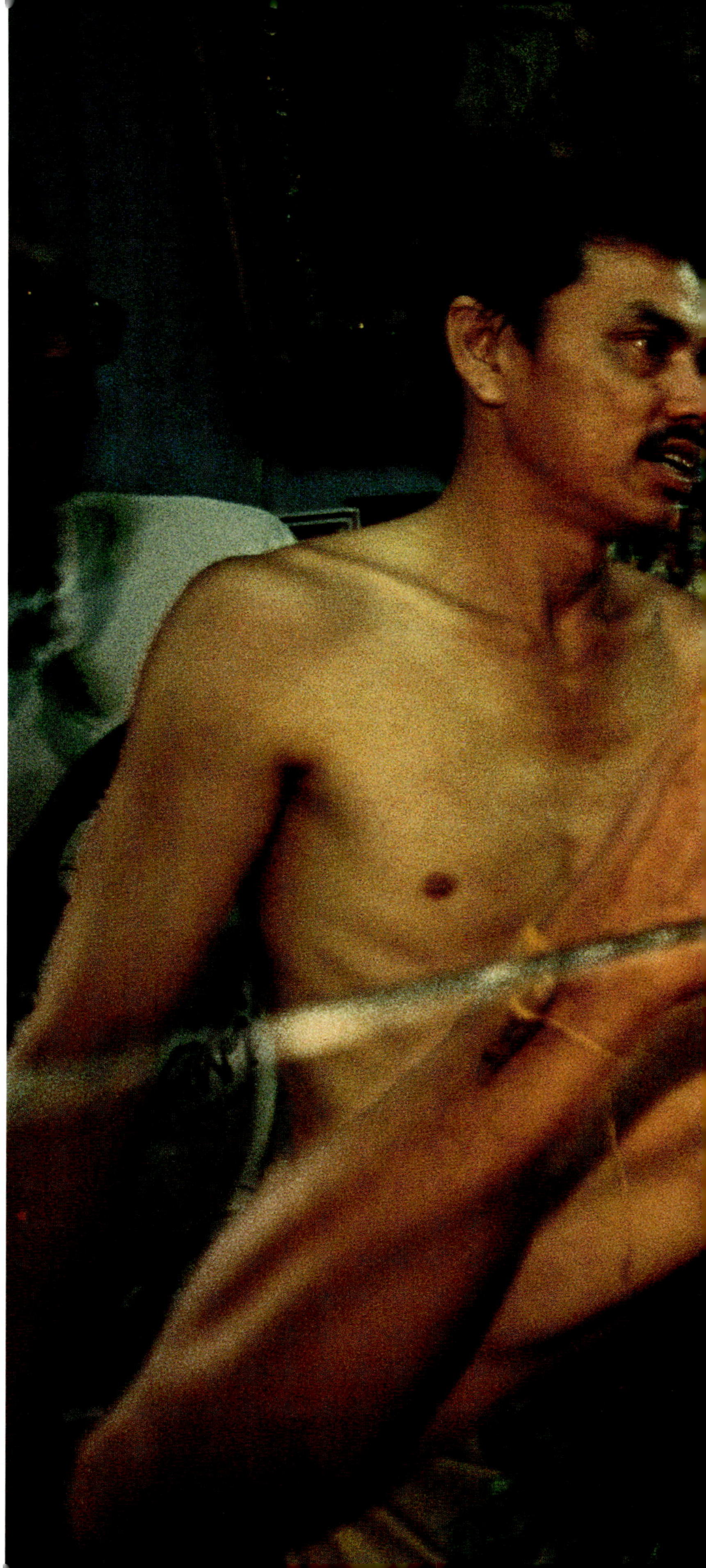

பூஜை நேரம்
காலை — 7.00
பகல் — 11.30
மாலை — 6.00
இரவு — 8.30

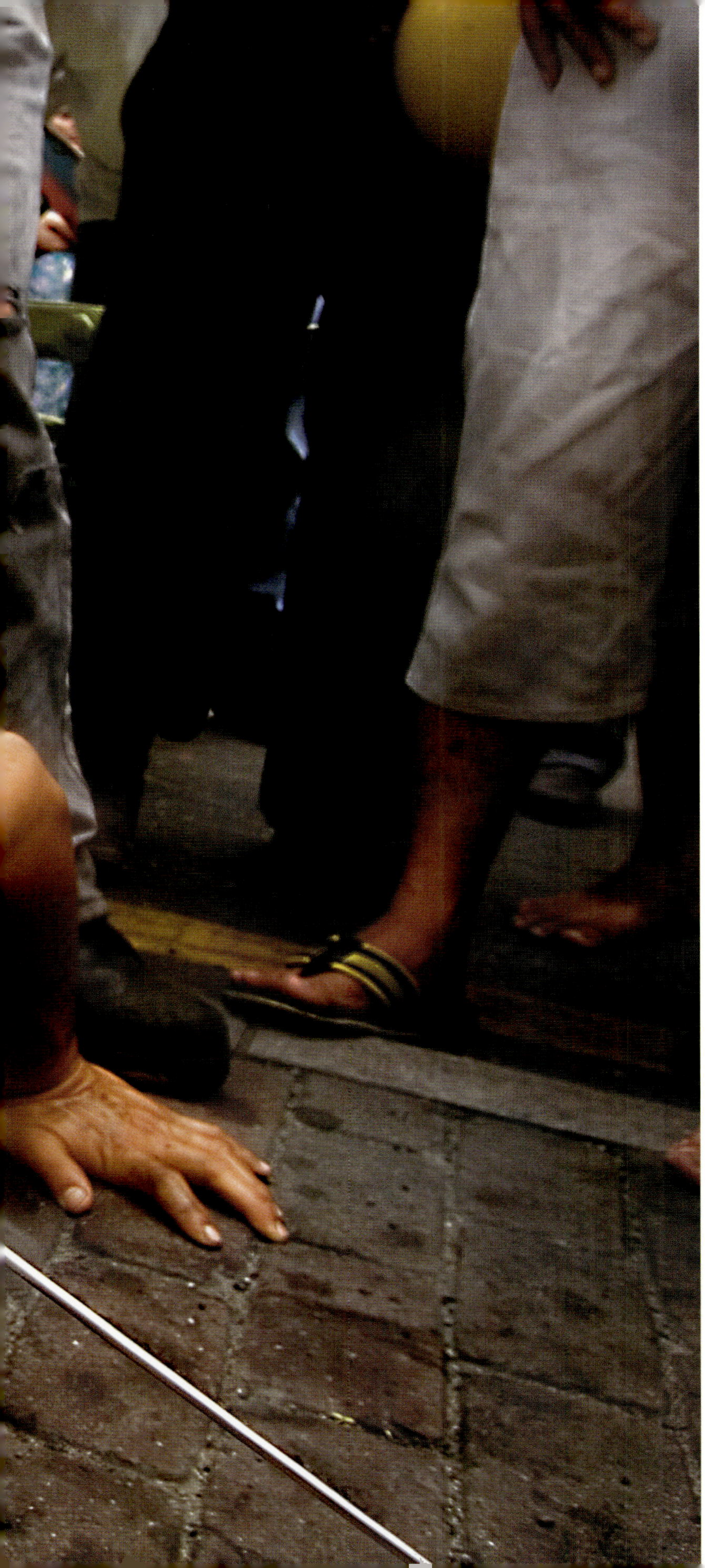

316–317 Die von den Nadeln und Haken verursachten Wunden bluten nicht, und die so Geprüften behaupten, in ihrer Trance keinen Schmerz zu spüren.

318–319 Den Höhepunkt des Fests bildet ein feierlicher Umzug durch die Straßen von Malakka.

CHOP MOH HIN

320–321 Eine extreme Form von Dankbarkeit: Ein Käfig aus Nadeln und Haken umgibt den Oberkörper dieses *Kavadi*-Trägers.

„Außerdem bewahren sie in einem Saal
einen Zahn Buddhas, Überreste der
Menschen, die früher lebten,
und andere solche Dinge auf.“

Ma Huan

KANDY, SRI LANKA
DER TEMPEL
DES HEILIGEN ZAHNS

322–323 Von Elefantenstoßzähnen eingerahmt, beten buddhistische Mönche an jenem Tempel, in dem ein Zahn Buddhas aufbewahrt wird.

324 und 325 Vor Beginn der Prozession: Hornbläser und andere Teilnehmer warten im Sri Dalada Maligawa, dem Tempel des Zahns, auf das Zeichen zum Aufbruch.

326–327 und 327 Beim Fest Esala Perahera zu Ehren von Buddha wird dessen Zahn zehn Tage lang durch die Straßen von Kandy getragen.

WORLD

328–329 und 329 Leuchtende Elefanten:
Die 100 Elefanten der Prozession werden heute
ganz modern mit Lichterketten geschmückt.

OLICE COMMAND

„Der König des Landes ist ein Mann aus dem Volk der So-li (Singhalesen); er ist ein frommer Buddhist und verehrt den Elefanten und die Kuh.“

Ma Huan

330–331 Der mit Juwelen behängte und von Fackelträgern umgebene Elefant in der Mitte des Zugs trägt den heiligen Zahn Buddhas.

332–333 Tausende von Tänzern in mittelalterlicher höfischer Kleidung und Volkstrachten führen die Esala-Perahera-Prozession an.

Malabarküste, Indien
Zheng Hes
zweites Zuhause

334–335 Teamwork am Strand von Somatheeram, Kerala: Viele müssen zusammenhelfen, um die schweren Netze einzuholen.

„Die Dörfer liegen an der Küste. Die Mukuva, recht klein gewachsene Menschen, fahren aufs Meer und ernähren sich vom Fischfang. Männer und Frauen haben unbedeckte Gliedmaßen."

Fei Hsin

336 und 336–337 Brandung am Strand von Somatheeram. Beim Einholen der Netze kann himmlische Hilfe nichts schaden.

338–339 Wie damals, als Zheng He an der Malabarküste entlangfuhr, ist der Sand nach dem Einholen der Netze mit Myriaden von Fischschuppen bedeckt, die wie Edelsteine in der Sonne funkeln.

340–341 Bei Kochi balanciert ein Fischer auf dem Gestänge seiner Netze. Diese Fischfangtechnik gelangte vermutlich im 15. Jahrhundert mit Zheng Hes Flotte nach Kerala.

342–343 Die Netze werden mithilfe von Gegengewichten und Muskelkraft aus dem Wasser gehoben.

344

344–345 In der Dhau-Werft von Beypore, Kerala, werden die Schiffe nach altbewährter Weise gebaut: mit der Hand, aus Teakholz und ohne gezeichnete Pläne.

„Das Land liegt am Meer,
und nahe am Meer wohnen
die Menschen.“

Ma Huan

KERALA VIZHINJAN HARBOR

346–347 Die Bewohner von Vizhinjan leben mit und von dem Meer.

„ Die reichen Leute besitzen überwiegend Kokospalmen-Pflanzungen, mitunter ein-, zwei- oder dreitausend Bäume. Diese stellen ihr Vermögen dar. Für die Kokosnuss kennt man zehn verschiedene Verwendungsmöglichkeiten. Aus den äußeren Fasern der Schale stellen sie Seile für den Schiffbau her. “

Ma Huan

Verarbeitung der Kokosfasern

348 und 348–349 Kokosfaser, aus der Matten und Seile hergestellt werden, ist eines der vielen Produkte der nützlichen Kokospalme.

„Was den Pfeffer betrifft, so legten die Bewohner der Berge Gärten an, in denen sie den intensiven Anbau betreiben.“

Ma Huan

Calicuts schwarzes Gold

350–351 Beinahe die Hälfte des nach Asien, Europa und die USA eingeführten schwarzen Pfeffers kommt aus der Gegend von Kerala. Der Anbau und die Verarbeitung erfolgen in kleinen Betrieben nach jahrhundertealten Methoden.

Kozhikode

352–353 Der unter dem Namen »Kattun« bekannte bunte Baumwollstoff stammt ursprünglich aus Kozhikode, dem ehemaligen Calicut, und wird auch heute noch hergestellt.

354–355 Eine Weberin wählt die bunten Fäden für den Kattun aus.

„Die Bewohner des Landes nehmen auch die Seide der Seidenraupe, machen sie durch Kochen weich und weben daraus Tücher mit Streifenmuster. Eine Länge Stoff verkaufen sie für hundert Goldmünzen.“

Ma Huan

Gujarat

356–357 Trotz der modernen Entwicklungen, die in der Industrie stattfanden, werden Naturfasern wie Baumwolle und Seide in Indien vorwiegend von Hand verarbeitet.

358 und 358–359 Ballen gebleichter und gefärbter Baumwollstoffe werden auf den Feldern zum Trocknen ausgebreitet.

360–361 Mitunter verwandeln sich in Gujarat ganze Flächen in ein safrangelbes Meer.

Kalari
Die Mutter aller Kampfsportarten

362 und 362–363 Athleten aus Kozhikode führen *kalaripayatta* vor, eine Kampfsportart, die im 12. Jahrhundert in Indien aufkam. Chinesische Shaolin-Mönche entwickelten daraus den Kung-Fu.

364–365 Die schnellen Schwertstöße und hohen Sprünge der *Kalaripayatta*-Kämpfer ahmen Bewegungen von Tieren nach.

DAS *KATHAKALI*-THEATER: CHINESISCHE WURZELN?

366–367 Die Darsteller des *Kathakali*-Theaters in Kerala verbringen Stunden damit, sich zu schminken.

369 *Kathakali* bedeutet »Geschichtenvorführung«. Einigen Experten zufolge könnte diese Art der Schauspielkunst von der Peking-Oper inspiriert worden sein.

„Die Menschen hier spielen und singen auch. Mit Instrumenten begleiten sie ihre fremdländischen Lieder, die hörenswert sind."

Ma Huan

370–371 *Kathakali*-Darsteller bereiten sich auf eine Aufführung vor, während ein Mitglied des Ensembles die Öllampe anzündet.

372 und 373 Um ihre Geschichten zu erzählen, setzen die Schauspieler Handbewegungen und die von ihrem Make-up betonte Mimik ein.

374 und 375 Mit farbenfrohem Kopfschmuck und bauschigen Kostümen angetan, spielen die Darsteller Teile der Hindu-Mythologie nach.

JENSEITS DER MEERENGEN

ARABISCHES MEER

MIT DEN PASSATWINDEN NACH MEKKA

ARABISCHES MEER

Der nagelneue Land Cruiser, der mich vom Flughafen abholte, und die sechsspurige Autobahn waren untrügliche Zeichen dafür, dass ich in der Hauptstadt des schwerreichen Oman grosse Mühe haben würde, Motive zu finden, die das 15. Jahrhundert heraufbeschworen.

Ich fuhr zunächst nach Norden zur abgelegenen Halbinsel Musandam an der Straße von Hormus, wo Zheng He Teppiche, Gold und Edelsteine erworben hatte. Weil die Vereinigten Arabischen Emirate (VAE) Oman und die zum Land gehörende Halbinsel voneinander trennen, erreicht man Musandam nur mit dem Flugzeug, das zweimal die Woche, aber nicht immer pünktlich startet. Kent Kobersteen, der frühere leitende Bildredakteur von *National Geographic* und mein damaliger Chef, war vor einigen Jahren dort gewesen und hatte mir von steilen Klippen, tiefblauen Fjorden und farbenfrohen, mit Kaurimuscheln geschmückten Dhaus erzählt, die über ein kristallklares Meer segelten. Nach dieser Beschreibung erwartete ich, in dieser isolierten Welt das 15. Jahrhundert wiederzufinden.

Doch Kent war lange vor 2001 da gewesen, jenem Jahr, in dem Elektrizität, fließendes Wasser und Telefon auch diese Region erreichten. Ich fand in den Dörfern kaum noch Fischerboote oder Fischer vor. Mehrere Dörfer schienen vollkommen verlassen zu sein, und an ihren Stränden lagen verrottende Boote. Andere waren von Grund auf modernisiert worden, sodass es unmöglich war, ein Foto zu schießen, auf dem kein Telefonmast, keine Stromleitungen oder keine außen an den Häusern verlegten Wasserrohre zu sehen waren. Die wenigen Dhaus, die durch das tiefblaue Meer pflügten, beförderten Touristen und Hobbytaucher. Nur an der zugegebenermaßen sehr malerischen Landschaft schien sich nichts geändert zu haben.

Die einzige interessante Geschichte, die sich hier abspielte – in der winzigen Hauptstadt Khasab, um genau zu sein –, hatte weder mit dem 15. Jahrhundert noch mit Zheng He zu tun, und es war für einen Fotografen so gut wie unmöglich, sie zu dokumentieren. Da ich vier Tage lang in Musandam auf das nächste Flugzeug warten musste, ging ich jeden Tag zum Hafen und mietete ein Boot, um verschiedene Dörfer zu besuchen. Unterwegs begegneten wir stets einer Flotte von etwa 100 schlanken Rennbooten in allen Farben, die auf dem herrlichen, blaugrünen Meer dahinzogen, wie die Dhaus in meinen inzwischen aufgegebenen Träumen. Es waren die Boote iranischer Schmuggler, die Ziegen und Teppiche gegen amerikanische Zigaretten eintauschten. Am späten Nachmittag starteten sie ihre Motoren und brausten im Schutz der Dunkelheit mit ihren Winstons und Marlboros zurück nach Bandar Abbas. Ich fragte mich, wie wohl Zheng He auf diesen

Anblick reagiert haben würde. Als Befürworter des Freihandels hätte er die geschäftstüchtigen Iraner, deren Boote schneller waren als die der iranischen Küstenwache, möglicherweise bewundert.

Der nächste Ort auf meiner Liste war Sur, zu Zheng Hes Zeit eine blühende Hafen- und Kaufmannsstadt und heute Standort der letzten Dhau-Werft des Indischen Ozeans. Hier wartete eine erfreuliche Überraschung auf mich. Seine königliche Hoheit, Sultan Qaboo, hatte soeben eine als Luxusyacht für seine Familie gedachte, über 30 Meter lange Dhau in Auftrag gegeben, die vermutlich das längste und auch letzte Segelschiff dieser Art werden sollte. Es mochte mit meinem Fotografenglück zusammenhängen, dass sie nach Plänen gebaut werden sollte, die aus dem 15. Jahrhundert stammten, jener Epoche, in der Oman auf dem Höhepunkt seiner Macht stand und eine Marineflotte besaß, die nur noch von der damaligen chinesischen übertroffen wurde. Im Dock sah die Luxusyacht, die über dutzende wesentlich kleinerer Dhaus hinausragte, wie die Arche Noah aus. Drei am Ufer der Lagune postierte Wachtürme und ein Leuchtturm an der Hafeneinfahrt vervollständigten das Bild.

In Sur überlegte ich, wie es weitergehen sollte. Wir konnten die Straße nehmen, die nach Süden führte, aber dann stand uns eine endlose Fahrt durch eine Wüste bevor, die ihren Namen Rub al-Khali, »Leeres Viertel«, nicht zu Unrecht trägt. Unser nächstes Ziel war nämlich Salalah, das nahe der Grenze zum Jemen gelegene Zentrum des Weihrauchhandels. Um Zeit zu sparen, entschied ich mich dafür, in den Jemen zu fliegen und das Land Aden, wie es im 15. Jahrhundert geheißen hatte, zu durchqueren, um die Weihrauchstadt zu erreichen. Die Weihrauchsträucher wuchsen in der Küstenregion um Bir Ali.

Zuerst aber kamen wir nach Sanaa, der 2000 Jahre alten Hauptstadt, die zu Zheng Hes Tagen eine wichtige Etappe auf der Pilgerstraße nach Mekka war. Mit ihren charakteristischen mehrstöckigen Lehmziegelhäusern ist Sanaa die meiner Ansicht nach fotogenste Stadt des Mittleren Ostens. Unverzüglich begab ich mich in den Souq al-Mikh, den Salzmarkt, der im ältesten Viertel dieser seit 1988 zum Weltkulturerbe zählenden Stadt liegt. Der Besuch des von hohen, liebevoll verzierten Häusern eingefassten Marktes kam mir wie eine Zeitreise ins 15. Jahrhundert vor.

Wir besuchten Sanaa im Fastenmonat Ramadan, der hier strikt eingehalten wird. Zwischen Sonnenaufgang und Sonnenuntergang stehen das Essen, Trinken und Rauchen in der Öffentlichkeit unter Strafe. Die Einheimischen pflegen gegen drei Uhr morgens aufzustehen, so viel Nahrung wie möglich in sich hineinzuschaufeln und dann nichts mehr zu sich zu nehmen, bis die an den Minaretts angebrachten Lautsprecher plärrend verkünden, dass wieder gegessen und getrunken werden darf. Am späten Nachmittag herrschte auf dem Markt Hochbetrieb. Wir gewöhnten uns an, eine Viertelstunde vor der Lautsprecheransage unser Lieblingsrestaurant anzusteuern. Dort saßen wir an langen Tischen in Gesellschaft anderer Männer (während meiner gesamten Zeit im Jemen sah ich niemals eine Frau im Restaurant) vor Aluminiumtellern. Pünktlich um Viertel vor sieben ertönte die Durchsage, und ein Trupp Kellner betrat den Saal, beladen mit Platten, auf denen Lamm- oder Hühnerfleisch, Fisch, Reis und breite Brotfladen aufgetürmt waren. Die Gerichte wurden auf

381 Fischer beim Flicken ihrer Netze. Obgleich am Persischen Golf die Hälfte der Erdölvorkommen der Erde lagern, bleibt der Fischfang weiterhin ein wichtiger Wirtschaftszweig.

unsere Teller geschaufelt, und wir aßen hastig und nur mit der rechten Hand. Nach zehn Minuten war alles vorbei. Die Tischgäste standen fast gleichzeitig auf und gingen sich die Hände waschen. Dann verließen sie das Lokal. Es gab keine Unterhaltungen nach Tisch, kein angenehmes Verweilen bei Dessert und geistigen Getränken.

Alkohol ist im ganzen Land verboten. Eigentlich ist er auch überflüssig, denn schließlich gibt es Kat. Die Leute verließen das Restaurant so überhastet, um Kat zu kauen, die liebste Freizeitbeschäftigung der Jemeniten. Kat ist das Blatt des Strauchs *Catha edulis* und wirkt gekaut als milde, Euphorie auslösende Droge. Man muss recht viele Blätter und auch recht lange kauen, um diese Wirkung hervorzurufen, und nahezu jeder Mann, jede Frau und jedes Kind (ich sah 14-jährige Kat-Kauer) scheint sich diese Zeit gerne zu nehmen. Der Zahl der verräterisch geschwollenen Wangen nach zu urteilen, muss die gesamte männliche Bevölkerung süchtig

382 Sanaa, die von alten Lehmmauern umgebene Hauptstadt des Jemen, ist seit 2500 Jahren eine wichtige Handelsstation auf der Straße nach Mekka.

sein. Ich hatte wahrscheinlich zu wenig Ausdauer – mir war lediglich, als hätte ich mehrere Dosen Red Bull geleert.

Doch zurück zum Markt. Ich suchte dort die Weihrauchverkäufer auf, die ihre Stände im Abschnitt für Gewürze haben. Man riecht sie schon von Weitem. Um das kräftige, süße Aroma zu erhalten, das sich beim Abbrennen voll entfaltet, wird das zu Ziegeln geformte Harz in Schubladen aufbewahrt. Gleich nebenan saßen die Myrrhe-Händler, die auf ihren Waagen kleine Mengen der bernsteinfarbenen Bröckchen abwogen und in Zeitungspapier wickelten. Myrrhe wird in Oman und anderen Ländern Arabiens wie Kaugummi konsumiert. Ich kaufte ausgiebig ein, denn was passt besser als Weihnachtsgeschenk für Freunde als Weihrauch und Myrrhe, die Geschenke der Heiligen Drei Könige an den neugeborenen Jesus?

Jemens Ruf, ein Unterschlupf für Extremisten und Terroristen zu sein, hat für einen Fotografen sehr angenehme Auswirkungen. Der Umstand, dass keine Touristen herkommen, macht es zu einer wahren Fundgrube für unverdorbene und unentdeckte Motive. Osama bin Laden lebte hier, das amerikanische Kriegsschiff *SS Cole* wurde vor der jemenitischen Küste zerstört, und nachdem sich Entführungen von Ausländern – nach rund vier Jahren relativer Ruhe zu Beginn unseres Jahrhunderts – in jüngster Zeit wieder häuften, ist der Jemen heute alles andere als ein beliebtes Urlaubsziel.

Die jemenitische Regierung ist eifrig bemüht, das Image des Landes als Terroristennest zu bekämpfen. Auf unseren Reisen wurden wir häufig von bewaffneten Eskorten begleitet, vor allem dann, wenn wir den Wachen an einem der zahlreichen Militärposten verrieten, dass ich Amerikaner bin. Mit der Zeit erwiesen sich unsere bewaffneten Begleiter als eher lästig denn nützlich: Sie beanspruchten zu viel Platz in unserem Jeep und verlangten finanzielle Entschädigung für ihren Zeitaufwand. Ich bat meinen Assistenten Mohammed, den Wachen an den Posten zu erzählen, ich sei Chinese. Damit hatte sich unser Problem erledigt. Die Regierung war offenbar nicht der Ansicht, dass Asiaten militärischen Schutz benötigten.

Wir fuhren nach Hodeida, dem größten Fischereihafen am Roten Meer, der angeblich auch der größte Haifischmarkt der Welt sein soll. Ich sah zu und fotografierte, wie hunderte, nein tausende Haifische aller Arten, angefangen von Hammerhaien, bis hin zu Drescherhaien, aus den Dhaus an Land gewuchtet wurden. Der Anblick erinnerte mich an die Thunfischabteilung von Tokios berühmtem Fischmarkt Tsukiji. Schließlich lagen Haie jeder Größe am Hafen von Hodeida aufgereiht, und flinke junge Männer schnitten ihnen die Flossen ab, die nach China geschickt und dort zu Haifischflossensuppe verarbeitet werden sollten. Mir taten diese Tiere Leid, die nur deshalb ihr Leben lassen mussten, weil ein kleiner Teil ihrer Anatomie so begehrt war; allerdings erzählte man mir, dass ihr Fleisch nicht verschwendet, sondern in ärmeren Dörfern auf dem Land verzehrt wird. Man muss sich jedoch fragen, wie viele Haie im Roten Meer – oder in jedem anderen Meer – übrig bleiben, wenn jeden Tag so viele gefangen werden.

Und ich überlegte, ob Zheng He und seine Mannen ebenfalls eine Vorliebe für Haifischflossensuppe gehabt hatten. Vielleicht haben sie bei den Vorfahren dieser Fischer eingekauft?

Sur, Oman
Zentrum des Schiffbaus

384 Dank ihrer günstigen Lage an der Spitze der Arabischen Halbinsel war Sur einst eine Drehscheibe des Handels zwischen Indien und Afrika.

385 Eine Frau in Musandam trägt die traditionelle *birka*.

386–387 Auf dem Strand von Sur wird der Rumpf einer Dhau gesäubert.

388–389 Warten auf die Flut. Die Fischer nutzen diese Zeit, um ihre Boote zu inspizieren.

„Das Land erzeugt graues Ambra, Weihrauch und ‚Tausend-Li'-Kamele, aber das ist auch alles. Wir tauschen Gold und Silber, bunten Satin und gefärbte feine Seide, Porzellan, Reis, anderes Getreide und Pfeffer dagegen ein."

Fei Hsin

Jemen Das Land Aden

390–391 Schroffe Berge ragen hinter der geschäftigen Hafenstadt Al Mukalla auf.

392–393 Hodeida ist der wichtigste Fischereihafen des Jemen und besitzt den größten Fischmarkt am Roten Meer.

394 und 394–395 Der berühmte Haimarkt von Hodeida. Die Flossen werden nach China ausgeführt.

399

396 Koranlektüre in der Königin-Arwa-Moschee von Dschibla. Die Königin, die den Jemen im Mittelalter regierte, ließ viele Schulen und Moscheen bauen.

397 Dschibla war die frühere Hauptstadt des Jemen und erlebte seine Blütezeit im 11. und 12. Jahrhundert.

398–399 Fleißige Schüler der Koranschule in der Königin-Arwa-Moschee versuchen, die Aufmerksamkeit des Lehrers auf sich zu ziehen.

400–401 Die bis zu zehn Stockwerke hohen Wohnhäuser aus Lehmziegeln, die Ma Huan einst bestaunte, stehen noch heute.

Al Hajirah
Auf der Strasse nach Mekka

402–403 Die männlichen Besucher einer Hochzeitsfeier schwenken beim Tanz die von der Mehrzahl der Jemeniten getragenen, *jambiya* genannten Zeremonialdolche.

404–405 In der Hauptstadt Sanaa gibt es über 50 Moscheen aus dem 12. Jahrhundert.

„Die Häuser der Bewohner sind alle aus mehreren Schichten Steinen erbaut. In manchen Fällen haben sie drei Stockwerke, die vier oder fünf Chang hoch sind.“

Ma Huan

„Die Männer binden sich den Kopf ein und tragen ein sa-ha-la oder Wollhemd oder ein ähnliches Kleidungsstück. Was die Frauen betrifft, so legen sie ein langes Kleid an. Sie bedecken den oberen Teil des Kopfes mit einem bestickten Seidentuch, das nur das Gesicht sehen lässt.“

Ma Huan

Sanaa
Die Altstadt

406–407 Obwohl sich die meisten Frauen in der Öffentlichkeit in schwarze Gewänder und Schleier hüllen, bekommt man auf den Märkten auch farbenfrohe Tücher zu sehen.

408–409 In islamischen Ländern wie dem Jemen gilt der Handkuss als Achtungsbezeugung.

„Was Früchte angeht, herrscht außerordentliche Vielfalt. Es gibt Datteln, Pinienkerne, Rosinen, Walnüsse, Äpfel, Granatäpfel, Pfirsiche und Aprikosen."

Ma Huan

410–411 Dattelpalmen gibt es am Persischen Golf seit Jahrtausenden. Ihre Früchte sind als Handelsware heute noch ebenso begehrt wie zu Zheng Hes Zeiten.

412–413 Im Souq al-Milh, der Salzabteilung von Sanaas wichtigstem Markt, stellt ein Händler seine Auswahl an *jambiya* (Dolchen) aus.

DIE LETZTE REISE

DIE SUAHELI-KÜSTE

IM LANDE DER GIRAFFEN

DIE SUAHELIKÜSTE

SUAHELIKÜSTE – SCHON ALLEIN DER NAME FASZINIERTE MICH.

Mit dem Fotografieren in Afrika besaß ich wenig Erfahrung, da ich bisher nur in den frühen 1980er-Jahren für *National Geographic* im Sudan und 1981, während der durch die Hungersnot verursachten Flüchtlingskatastrophe, in Somalia gearbeitet hatte. Damals war ich mehr oder weniger noch Anfänger gewesen, und jetzt erhielt ich eine zweite Chance, neue und bessere Bilder zu schießen.

Als ich an der kenianischen Küste eintraf, war gerade das Eid-Fest im Gange, das muslimische Neujahr, das am Ende des Fastenmonats Ramadan vier Tage lang gefeiert wird. Auf dem Flug von Nairobi nach Mombasa in einem 20-sitzigen Flieger mit Propellerantrieb starrte ich die ganze Zeit über auf die Ebenen unter mir, in der Hoffnung, Giraffen oder Kaffernbüffel zu sehen.

Doch eigentlich war ich nicht der Tiere wegen hier, sondern wegen der blaugrünen Küstengewässer. Aus dem Flugzeug stieg ich in einen Geländewagen um und nahm die Straße, die in Richtung Norden an der Küste entlang zu dem einst bedeutenden Handelshafen Malindi führt. Hier in Malindi hatte Zheng He vom König eine Giraffe geschenkt bekommen. Es heißt, die Giraffe sei zu Zhu Dis neuem Palast in Peking gebracht worden und von den Höflingen für das *qilin*, das Einhorn aus den chinesischen Mythen, gehalten worden. Da ich bei Zhu Dis Grab bei Peking Statuen des stämmigen, hundeähnlichen *qilin* fotografiert hatte, fragte ich mich, wie es zu dieser Verwechslung hatte kommen können. Noch erstaunlicher aber fand ich die Vorstellung, ein Tier dieser Größe auf einer monatelangen Seereise mitzuführen. Wenn die Giraffe im Frachtraum untergebracht worden war, hatten die Matrosen für ihren langen Hals sicher ein Loch ins Deck schlagen müssen.

Am Strand von Malindi nahm ich die Dhaus auf, die mit der Flut einliefen. Nachdem ich schon so lange keine traditionellen Segelboote gesehen hatte, war ich richtig aufgeregt. Ironischerweise war der beste Punkt, um diese Dhau-Regatta zu fotografieren jene Stelle, an der Vasco da Gama 1498 eine als Navigationshilfe gedachte Säule hatte aufstellen lassen. Ich musste an eine Passage in Louise Levathes Buch *When China Ruled the Seas* denken, in der sie da Gamas wenig glanzvolle Ankunft mit drei ramponierten Schiffen beschreibt: »Die Afrikaner bedachten die Dinge, die die Portugiesen ihnen schenken wollten, die Perlen, Glöckchen, Korallenketten und Waschschüsseln, mit verächtlichen Blicken und zeigten sich von deren kleinen Schiffen nicht beeindruckt. Die Dorfältesten erzählten von weißen ›Geistern‹, die ihre Küste vor langer Zeit besucht und seidene Gewänder getragen hatten.« Dieses Bild hatte ich vor Augen, als ich die Nachfahren jener Afrikaner fotografierte, die Zheng Hes Flotte gesehen hatten.

417 Hier, am Strand von Malindi in Kenia, übergab der König Zheng He eine Giraffe für Kaiser Zhu Di.
Mehr als 80 Jahre später, im Jahr 1497, ging Vasco da Gama an dieser Stelle an Land.

418 Im Lamu-Archipel stellen die traditionellen Dhaus nach wie vor die wichtigsten Verkehrsmittel dar

Unser eigentliches Ziel jedoch war die Insel Lamu, die südlich der Grenze mit Somalia vor der kenianischen Küste liegt – ab dem 14. Jahrhundert ein blühender Handelshafen mit Kenias besterhaltener Altstadt, die 2001 zum Weltkulturerbe erklärt wurde. Einer der Gründe, warum sich diese Altstadt beinahe noch im Originalzustand befindet, ist, dass man sie nur schwer erreicht. Entweder man nimmt den Flieger zu einer der benachbarten Inseln, oder man fährt wie ich an der Küste entlang nach Norden und setzt mit einer Dhau über. Die Fahrt über die Lagune dauert eine Stunde und ist in den seichten Gewässern nur bei Flut möglich.

Der Tsunami von 2004 konnte Lamu und den benachbarten Inseln nicht viel anhaben, da der Unterschied zwischen Ebbe und Flut hier bis zu vier Meter beträgt. Bei Ebbe zieht sich das Wasser rings um jede Insel mehrere Kilometer weit zurück, was jeglichen Bootsverkehr unmöglich macht. In diesen trügerischen Gewässern liefen schon viele Schiffe auf Grund.

Genau dies war angeblich 1418 vor der Insel Pate einem Schiff aus Zheng Hes Flotte passiert. Einheimische aus dem Volk der Famao erzählen, dass eines jener 300 Schiffe hier strandete. Die Schiffbrüchigen sollen sich auf Pate niedergelassen, Frauen von der Insel geheiratet und das Dorf Shanga nach ihrem Heimathafen Shanghai benannt haben. Als Belege für diese Geschichte dienen ganze Haufen von Scherben chinesischen Porzellans. Wer dann immer noch zweifelt, bekommt als weiteren Beweis die im chinesischen Stil erbauten Gräber der Famao gezeigt.

Auf Pate wurde ich mehreren »chinesischen« Familien vorgestellt. Eine Frau, eine Mrs. Baraka, sollte meinem einheimischen Führer zufolge ausgesprochen »chinesisch« aussehen. Ich fotografierte und studierte ihr Gesicht, wie nur Fotografen es dürfen, ohne irgendetwas Asiatisches an ihm zu entdecken. Zugegebenermaßen hatte sie einen helleren Teint, und ihre Augen waren groß und mandelförmig, doch letztlich besitzen alle Bewohner der Suaheliküste arabische, indische und afrikanische Wurzeln. Natürlich könnten unter ihren Ahnen auch Chinesen gewesen sein. Ich schnitt ihr eine Haarsträhne ab, um sie in Washington einem DNS-Test unterziehen zu lassen, bei dem jedoch keinerlei asiatische Gene festgestellt werden konnte. Ich wundere mich aber immer noch, warum wohl die Überlieferung eines kleinen afrikanischen Volkes, das auf einer abgelegenen Insel ohne Elektrizität lebt, Scherben von Ming-Porzellan mit chinesischen Seeleuten aus dem 15. Jahrhundert in Verbindung bringt.

Mit der nächsten Flut kehrte ich an Bord einer Dhau nach Lamu zurück, wo das Eid-Fest mittlerweile in vollem Gang war. Ich fotografierte glückliche Kinder, die in ihren besten Kleidern ausgelassen mit selbst gebauten Flugzeugen und Autos spielten oder Karussell fuhren, bewacht von ihren Müttern und älteren Schwestern, die oft so tief verschleiert waren, dass man nur die Augen sah. Die Beleuchtung durch den allmählich verglühenden Sonnenuntergang war perfekt, die Stimmung im besten Sinne des Wortes festlich.

Schließlich kam Sansibar an die Reihe, Zheng Hes und auch meine letzte Etappe. Ich sehnte mich nach dieser Insel, seit ich von ihr in Marco Polos Buch gelesen hatte. Sansibar war immer wieder Ausgangspunkt für Expeditionen ins Innere Afrikas oder aber letzte Station der Rückreise gewesen. Mir fielen die großen Afrikaforscher ein, die ihre Reisen hier beendet hatten:

Sir Richard Burton und John Hanning Speke, Henry Stanley und David Livingstone. Ein würdiger Abschluss für meine Reise auf Zheng Hes Spuren!

Ich nahm mir ein Zimmer im Serena Inn, ein in einer wilden Mischung aus arabischem, indischem und Kolonialstil erbautes Hotel, das am Rande der Stone Town, der Altstadt, und genau gegenüber der Stelle liegt, an der abends die Sonne im Meer versinkt. Mein Balkon ging aufs Meer hinaus, und ich machte mein erstes Foto, als eine Dhau mit geblähtem Segel vorüberfuhr.

Dann wanderte ich durch das Labyrinth der Gassen von Stone Town, das einst die größte Siedlung Ostafrikas und seit dem 19. Jahrhundert praktisch unverändert war. Ich jedenfalls fand, dass es genau so aussah, wie Richard Burton es 1857 beschrieben hatte: »Die Straßen sind dunkle, gewundene, kaum zwei Meter breite Gassen, und Reisende vergleichen sie mit den Fäden eines verworrenen Geflechts.«

Anstatt wie sonst einer zuvor präzise geplanten Route zu folgen, ließ ich mich einfach treiben und entdeckte hinter jeder Ecke lohnende Motive: Märkte, Moscheen, Kirchen, Hindutempel, Kolonialgebäude, arabische Festungen, persische Badehäuser und kleine Kinder, die sich im Kung-Fu übten. Wie musste Zheng He der Anblick der kulturellen Interaktion, deren Zeuge ich hier war, erfreut haben. Sansibar und die Suahelikultur sind der Inbegriff der Verschmelzung aller Kulturen des Indischen Ozeans.

Dann besichtigte ich Beit el-Ajaib, das Haus der Wunder, Sansibars Wahrzeichen, ein mehrstöckiges weißes Haus mit Balkonen, vielen Säulen und einem Uhrturm, in dem heute das Zanzibar Museum of History and Culture untergebracht ist.

Wieder hatte ich Glück: Gerade waren zwei Ausstellungen eröffnet worden, die die Kultur der Dhaus und der Länder der afrikanischen Ostküste und des Indischen Ozeans zum Thema hatten. Der rote Faden, der durch beide Ausstellungen führte, war auch der Leitgedanke von Zheng Hes Missionen gewesen: die Förderung interkultureller Beziehungen durch Handel, Kooperation und Toleranz. Wie glücklich wäre er gewesen, hätte er wie ich hier sehen können, dass die Kulturen an den Ufern des Indischen Ozeans, von der Suaheliküste über Arabien, die Länder am Persischen Golf und die Inseln Indonesiens bis China, eines Tages so sehr miteinander verschmelzen würden.

Die Gesamtheit der in Sansibar koexistierenden Einflüsse und auch die Kultur der Dhaus sind das Erbe der Schatzflotte. Unserem von Kriegen zerrütteten Planeten schenkt Zheng Hes Vision einer neuen, toleranteren Welt einen Funken Hoffnung. Heute, wo China abermals kurz davorsteht, zu einer Weltmacht zu werden, bleibt nur noch zu wünschen übrig, dass Zheng Hes Traum Wirklichkeit werden wird.

Nachdem ich Zheng He monatelang von einer Ecke der Welt zur anderen gefolgt war, trat ich den Heimweg mit gemischten Gefühlen an. Ich stellte mir vor, dass es dem Admiral der Schatzflotte ähnlich ergangen sein mochte, wenn er auf einer seiner sieben Reisen schließlich Kurs auf China nahm. Obwohl ich es kaum erwarten konnte, wieder bei meiner Familie und in der Welt zu sein, die ich am besten kenne, bedeutete die Rückreise auch immer das Ende des Abenteuers. Ich fragte mich, ob Zheng He auf seiner letzten Fahrt zurück nach China ahnte, dass damit ein Zeitalter enden würde und mit ihm auch Chinas Herrschaft über die Meere.

421 Bei Tagesanbruch stechen die Dhaus der Fischer vom Strand von Matemwe an der Nordostküste Sansibars aus in See.

Insel Pate
Ein Paradies auf Erden

422–423 Hier in Siyu auf der Insel Pate leben die Famao, die von sich selbst behaupten, von schiffbrüchigen Seeleuten aus Zheng Hes Flotte abzustammen. Die Festung wurde vom omanischen Sultan von Sansibar erbaut.

424–425 Eines der letzten Paradiese: Auf Pate gibt es weder Autos noch Strom.

426–427 Die Frauen der Famao-Familie Farouk stampfen Mais, um aus dem Mehl Brot zu backen.

428 und 429 Die Musliminnen auf Pate hüllen sich in den *buibui*, der nur das Gesicht sehen lässt. Dadurch wirken die Augen umso ausdrucksvoller.

KENIA
INSEL LAMU

430–431 Während des Eid, des islamischen Fests, das am Ende des Ramadan gefeiert wird, dürfen die Kinder auf handgefertigten und von Hand betriebenen Karussellen fahren.

432–433 und 433 Auf der *Sanjeeda*, einer der letzten großen Dhaus, in den Gewässern vor Lamu, werden die Segel gerefft.

434–435 Ein Besatzungsmitglied der *Sanjeeda* beim Einholen des Großsegels.

436–437 Schattenspiele auf See: Matrosen der *Sanjeeda* bei der Arbeit auf Deck.

438–439 In Lamu, Kenias ältester durchgehend bewohnten Stadt, spiegeln sich arabische, indische und persische Einflüsse. Die aus Stein erbauten Häuser am Ufer stammen aus dem 14. Jahrhundert, und die Gassen wirken, als hätte sich seither wenig verändert.

DIESEL

441 Der aufmerksame Blick einer in ihren *buibui* gehüllten jungen Frau.

Tansania
Sansibar

442–443 Als Zheng He im 15. Jahrhundert Sansibar besuchte, erlebte die Stadt ihre Blütezeit und unterhielt Handelsbeziehungen zu Arabien, den Ländern am Persischen Golf und Indien. Die aus Korallenkalk erbauten und mitunter reich mit Stuckaturen verzierten Häuser haben ihre beste Zeit lange hinter sich.

444–445 Für diese Fischer, die vom Strand von Matemwe auf Sansibar aus ausgelaufen sind, hat der Arbeitstag vor Sonnenaufgang begonnen. Von Sansibar aus stach auch Zheng He in See, um nach seiner letzten und längsten Reise nach China zurückzukehren.

BIOGRAFIEN

MICHAEL YAMASHITA wird seit mehr als zwei Jahrzehnten von *National Geographic* dafür bezahlt, seinen Leidenschaften für die Fotografie und für das Reisen zu frönen. Sein Spezialgebiet ist Asien, wo er für viele verschiedene Reportagen unterwegs war, unter anderem über den Mekong und die Große Mauer. Seine jüngste Geschichte über den legendären Admiral Zheng He erschien in der Juliausgabe 2005. Außerdem veröffentlichte Yamashita eine Reihe von Büchern, darunter *The Japanese Garden, Mekong: Mother of Waters* und erst vor Kurzem *Marco Polo: Eine wundersame Reise* (die deutsche Ausgabe erschien 2003 bei Frederking & Thaler); zu diesem Buch gibt es auch einen preisgekrönten Film. Von der ersten Auflage des Buches wurden weltweit 200 000 Exemplare verkauft. Michael Yamashita leitet in vielen Ländern Seminare und Workshops und erhielt zahlreiche Auszeichnungen, darunter den Preis für das Foto des Jahres von der National Press Photographers Association, den Preis des New York Art Directors Club und den der Asian-American Journalists Association. Außer in Los Angeles und im Kodak's Professional Photographer's Showcase im Epcot Center in Orlando stellte er seine Arbeiten bereits in Japan, China, Italien, Korea, Hongkong und Singapur aus. Michael Yamashita lebt mit seiner Frau und seiner Tochter in Chester, New Jersey; hier befinden sich auch sein Atelier und seine umfangreiche Bibliothek. Wenn er nicht gerade reist oder fotografiert, ist er bei der freiwilligen Feuerwehr aktiv.

GIANNI GUADALUPI, Jahrgang 1943, arbeitete die letzten 30 Jahre als Autor, Übersetzer und Herausgeber von Anthologien und konzentrierte sich dabei häufig auf Literatur, die sich mit realen und imaginären Reisen befasst. Er ist Herausgeber des Magazins *FMR* und früherer Chefredakteur von *Le Vie del Mondo*, einer vom italienischen Automobilclub herausgegebenen Zeitschrift über historische Reisen. Ferner ist er Herausgeber der Serien *Guide Impossibili, Antichi Stati, Signori & Principati* und *Grand Tour*, die alle bei *FMR*-Arte erscheinen. Gianni Guadalupi schrieb zahlreiche erfolgreiche Bücher über die Kultur des Reisens, darunter: *Der Nil. Die Geschichte seiner Entdeckung und Eroberung* (1997); *Schätze der Welt* (1998, dt. 1999); *China. Eine Entdeckungsreise vom Altertum bis ins 20. Jahrhundert* (2003) und *The Holy Bible* (2003); ferner verfasste er die historischen Kapitel in Yamashitas *Marco Polo*, in *Sahara* (2003), in *Castles of the World* (2005) und der Bücher der Serie *The Art of Being*.

BIBLIOGRAFIE

Battuta, Ibn, *Reisen bis ans Ende der Welt 1325–1353*, Stuttgart, Edition Erdmann, 1985

Duyvendak, J. J. L., *China's Discovery of Africa*, London, 1949

Fei, Hsin, *Hsing-ch'a Sheng-lan: The Overall Survey of The Star Raft*, Wiesbaden, Harrassowitz, 1996

Gernet, Jacques, *Die chinesische Welt. Die Geschichte Chinas von den Anfängen bis zur Jetztzeit*, Frankfurt/M., Suhrkamp TB, 1988

Levathes, Louise, *When China Ruled the Seas*, New York-Oxford, Simon & Schuster, 1994

Low, C.C. et al., *Zheng He's Voyages to Xiyang*, Singapur, 2005

Ma, Huan und J.V.G. Mill, *Ying-yai Sheng-lan: The Overall Survey of the Ocean's Shores* [1433], Bangkok, White Lotus Press, 1997

Menzies, Gavin, *1421: Als China die Welt entdeckte*, München, DroemerKnaur, 2003

Needham, Joseph, *Wissenschaft und Zivilisation in China*, Frankfurt/M., Suhrkamp, 1996

Rozario, Paul, *Zheng He and the Treasure Fleet 1405–1433*, Singapur, 2005

BILDNACHWEIS

Alle Fotos von
MICHAEL YAMASHITA
mit Ausnahme der folgenden:

Seiten 10–11, 49: National Geographic Image Collection;
Seite 23 links: Jim Goodman/CPA Media
Seite 23 rechts: Antonio Attini/Archivio White Star
Seite 29: National Palace Museum, Taipeh, Taiwan
Seiten 31, 37, 39, 45, 47: Legacy Images
Seite 33: ChinaStock
Seiten 34, 38, 42: CPA Media
Seite 43: Philadelphia Museum of Art

DANKSAGUNG

ICH DANKE dem *National Geographic Magazine* und dem National Geographic Channel/Asia dafür, dass sie mir ermöglichten, knapp ein Jahr lang zu fotografieren, um Illustrationen für den Zeitschriftenartikel und den Film über Zheng He zu sammeln. Bei der Zeitschrift danke ich besonders dem früheren Chefredakteur Bill Allen und dem derzeitigen Chefredakteur Chris Johns, ebenso dem früheren Bildredaktionschef Kent Kobersteen, der stellvertretenden Chefin Susan Smith und dem Layouter David Whitmore; einen besonderen Dank der Bildredakteurin Elizabeth Krist, die die guten Fotos für den Artikel und dieses Buch aussuchte, und schließlich meinem Reisepartner, dem Autor Frank Viviano, der einzige Mensch auf der Welt, der Zheng He besser kennt als ich. Bei National Geographic Channel/Asia geht mein Dank an Ward Platt, Avi Himatsinghani, David Gunson, Pauline Goh, Carmen Mak, Bill McQueen, Jenny Yip, Basil Chua und Yvonne Tay, Joanne Tsai und Mindy Lee.

Dank ergeht ebenfalls an den Verleger von White Star, Marcello Bertinetti, und die Lektorin Valeria Manferto De Fabianis sowie an die Projektbetreuerin Laura Accomazzo und an Clara Zanotti für die Gestaltung.

Bei der Arbeit lernte ich die Saga Pictures Crew sehr zu schätzen, besonders den Regisseur Jonathan Finnigan, den Produzenten Fred Chan, die Produktionsmanagerin Paula Mason und die beiden Männer an der Front, den Kameramann Grant Douglas und den Tontechniker Mark Roberts. Ferner möchte ich auch den Sponsoren des Films danken: Victor Cha, Shin Watari, Victor Fung, Ayesha Durante von Hewlett-Packard und Cathay Pacific; besonderer Dank geht an Alan und Han Yamashita, die halfen, alles auf die Reihe zu bekommen.

Ich möchte hier auch meinen Assistenten danken: Jia Liming in China; Meng Yew Choong in Malaysia; Tantyo Bangun in Indonesien; Panu Burusrattanaphant in Thailand; Dominic Sansoni, Rukshan Jayewardene, Sebastian Posingis und Nimalka Morahela in Sri Lanka; Neha und Viney Diddee in Indien; Said Ali Said Alrawahi in Oman, Mohammed Murshid und Marco Livadotti im Jemen und Mohammed Shariff Hussein in Kenia sowie unserem Blogger Boon Kiat Ong.

In New Jersey danke ich meiner Ateliermanagerin Julie Qualmann sowie meiner Ehefrau Elizabeth Bibb, die meine Manuskripte redigiert, und meiner Tochter Maggie, die mir alles erzählte, was sie im Geschichtsunterricht in der vierten Klasse über Zheng He lernte.

Schließlich danke ich den Zheng-He-Experten Louise Levathes, Autorin von *When China Ruled the Seas*, Professor Liu von der Nanjing University, Nicholas Kristoff von der *New York Times*, Chung Chee Kit von den Friends of Zheng He und Mark Mir von der University of San Francisco.

鄭和